Ein Leben der Liebe:

Bruder Urban Lang – der heiligmäßige Kapuziner

Ein Leben der Liebe:

Bruder Urban Lang – der heiligmäßige Kapuziner

Lebensweg eines Russlanddeutschen aus Gattung/Zug an der Wolga

Herausgeber:
Seelsorge für katholische Deutsche aus Russland

PLÖGER

Bibliografische Information Der Deutschen Bibliothek:
Die Deutsche Bibliothek verzeichnet diese Publikation in der
Deutschen Nationalbibliografie; detaillierte bibliografische
Daten sind im Internet über <http://dnb.ddb.de> abrufbar.

ISBN 3-89857-186-6

© Autor, Herausgeber und Verlag
Gesamtherstellung: Plöger Medien GmbH,
                    76855 Annweiler

Inhaltsverzeichnis

Zum Geleit 7
Vorwort 9

Herkunft 11
Kindheit in Gattung/Zug (1918-1932) 23
Jugendjahre in Tiflis (1932-1940) 31
Als russischer und
als deutscher Soldat (1940-1945) 37
In sowjetischer Gefangenschaft (1945-1949) 45
In Freiburg (1949/50) 55
Im Kloster (1950-1965) 65
    Postulat und Noviziat 65
    Als Koch 69
    Als Pförtner 73
    Als Kollektenbruder 76
    Als Meisterbruder 83
Gebet und Nächstenliebe, Askese,
Demut und Gehorsam 87
Leid und Tod 93
Epilog: Mutter Lang 101

Fotonachweis 107

Zum Geleit

Wir sind gewöhnt zu denken, dass Heilige selten sind und dass sie vor langer Zeit und weit weg von uns lebten. Wir hörten von ihnen in Predigten und lasen in den Legenden der Heiligen. Wie aber, wenn ein solcher Heiliger im 20. Jahrhundert gelebt hat und ein Russlanddeutscher ist?
Bruder Urban, mit bürgerlichem Namen Alois Lang, wurde am 4. Februar 1918 in dem wolgadeutschen Dorf Gattung (ursprünglich Zug) geboren. Schon in den 60er Jahren, kurz nach seinem Tod, verbreitete sich in Karaganda das Gerücht über einen russlanddeutschen Heiligen. Er selbst sollte in einem Kapuzinerkloster in Deutschland gelebt haben, seine Mutter lebte in der Stadt Kustanai in Kasachstan. In der katholischen Kirche in Karaganda, die 1980 eingeweiht wurde, wurden über die beiden Nebenaltäre die Bilder von zwei heiligmäßigen Männern angebracht: das Portrait des litauischen Erzbischofs Georg Matulaitis, der inzwischen schon selig gesprochen ist und das des Bruders Urban, auf dessen Seligsprechung wir noch warten. Ende der 80er, Anfang der 90er Jahre lebten an der Wolga noch seine »Halbgeschwister«, die mir noch von ihrem Cousin erzählen konnten. Zu seinem 25. Todestag begingen wir 1990 in der katholischen Gemeinde in Marx an der Wolga das »Jahr des Bruder Urban«. In Deutschland konnte ich dann auch in der Kapuzinergruft zu Stühlingen/Baden das Grab des frommen Bruders besuchen. Seine Mitbrüder konnten noch einiges über ihn berichten,

besonders Pater Ämilian, der ihn in der Gefangenschaft bei Minsk in den Nachkriegsjahren erlebt hatte. Zwei kleinere Heftchen sind bisher über ihn erschienen (von Prälat Nikolaus Pieger im Jahre 1969 und von Pater Werner-Egon Groß im Jahre 1995). Nun freue ich mich, dass dieses vollständigere Werk herausgegeben werden konnte und wünsche, dass die ausführliche Lebensbeschreibung nicht nur Früchte bringt bei russlanddeutschen Lesern, sondern bei vielen unserer Zeitgenossen.

Nowosibirsk, im Advent 2004

+ Josef Werth

Josef Werth
Bischof der Diözese »Verklärung des Herrn«
Nowosibirsk, Russland

Vorwort

»Am schönen Wolgastrand in einem deutschen Dorfe wurde 1918 in einer großen Bauernfamilie ein Sohn namens Alois geboren.«[1] So beginnt ein fünfeinhalb Seiten umfassender, mit Bleistift geschriebener Entwurf zu einer autobiographischen Skizze, die Alois Lang, der spätere Bruder Urban, 1950 in Freiburg i. B. verfasste, kurz bevor er als Postulant in ein Kapuzinerkloster eintrat. Nach seinem Tod am 20. Februar 1965 schrieb ein ehemaliger Mitbruder: »Als ich das Totenbildchen des Br. Urban seinerzeit aus dem Briefumschlag nahm und Bruder Urban las, war mein erster spontaner Gedanke, jetzt hat die Provinz ja einen heiligen Br. Urban!«[2]

Im Folgenden soll versucht werden, den Lebensweg von Alois Lang, der von fast allen, die ihm auf diesem Weg begegnet waren, als heiligmäßiger Mensch beschrieben wird, nachzuzeichnen.[3] Wenn man diesen ungewöhnlichen und zutiefst beeindruckenden Lebensweg kurz und prägnant zusammenzufassen versucht, fällt einem unwillkürlich ein Satz ein, den Br. Urban an einen Mitbruder schrieb: »Wenn ich Dir raten darf, versuche, aus Deinem Leben ein Leben der

---

[1] Alois Lang, Autobiographische Aufzeichnungen über seine frühe Kindheit, verfasst 1950, kurz vor seinem Eintritt ins Kloster.
[2] Brief von Ernst Ortmann/Paderborn, 2.11.65.
[3] Die Schilderung beruht im Wesentlichen auf dem umfangreichen Material, das P. Eberhard Moßmaier gesammelt und nur zum Teil für die Broschüre »Bruder Urban Lang. Ein Diener aller. Flüchtlingsschicksal eines Wolgadeutschen«, hrsg. von Prälat Nikolaus Pieger, Altötting 1969, verwendet hat.

Liebe zu machen«.[4] Aus seinem eigenen Leben hat er genau dies gemacht: Ein Leben der Liebe, der Liebe zu Gott wie der Liebe zu seinen Mitmenschen.

Herzlichen Dank an alle, die meine Arbeit an diesem Buch favorisiert und unterstützt, das Manuskript begutachtet und korrigiert haben: Dr. Rudolf Grulich, Pfr. Peter Macht, Dr. Wendelin Mangold, P, Eugen Reinhardt und Wolfgang Grycz.

Dr. Ernst Benz

---

[4] Aus einem Brief von Br. Urban an Br. Josef.

Herkunft

Alois Lang, wie Bruder Urban mit weltlichem Namen hieß, wurde am 4. Februar 1918 in der Gemeinde Gattung an der Wolga geboren. Die Gemeinde Gattung wurde auch mit dem russischen Namen Mariinskoje bezeichnet, als zweiter deutscher Name deutete »Zug« auf die Herkunft eines Teils der Siedler aus der Schweiz hin. Auch die Vorfahren der Familie Lang stammten, nach Aussagen der Mutter, ursprünglich aus der Schweiz.[5] Vor allem aber waren es Siedler aus Westdeutschland und dem Elsass, die 1767 die Kolonie Gattung (Zug) gründeten.

Sie waren, wie viele andere, einer Einladung der russischen Zarin Katharina II. gefolgt, die die menschenarmen, neu erworbenen Gebiete ihres riesigen Landes mit Ansiedlern aus den wirtschaftlich fortgeschritteneren Ländern besiedeln wollte. Dabei dachte sie, eine geborene Prinzessin von Anhalt-Zerbst, vor allem auch an die deutschen Länder, in denen sie 1762/63 ihre Manifeste verbreiten ließ. Im ersten dieser Manifeste hieß es: »Wenn Wir die Ausdehnung der Länder unseres Kaisertums in Betracht ziehen, so finden Wir unter anderem die vorteilhaftesten, nützlichsten Gegenden zur Besiedlung und Bewohnung durch das menschliche Geschlecht, welche bis jetzt noch brach bleiben ...«

---

[5] Brief von Maria Lang, 18.6.67.

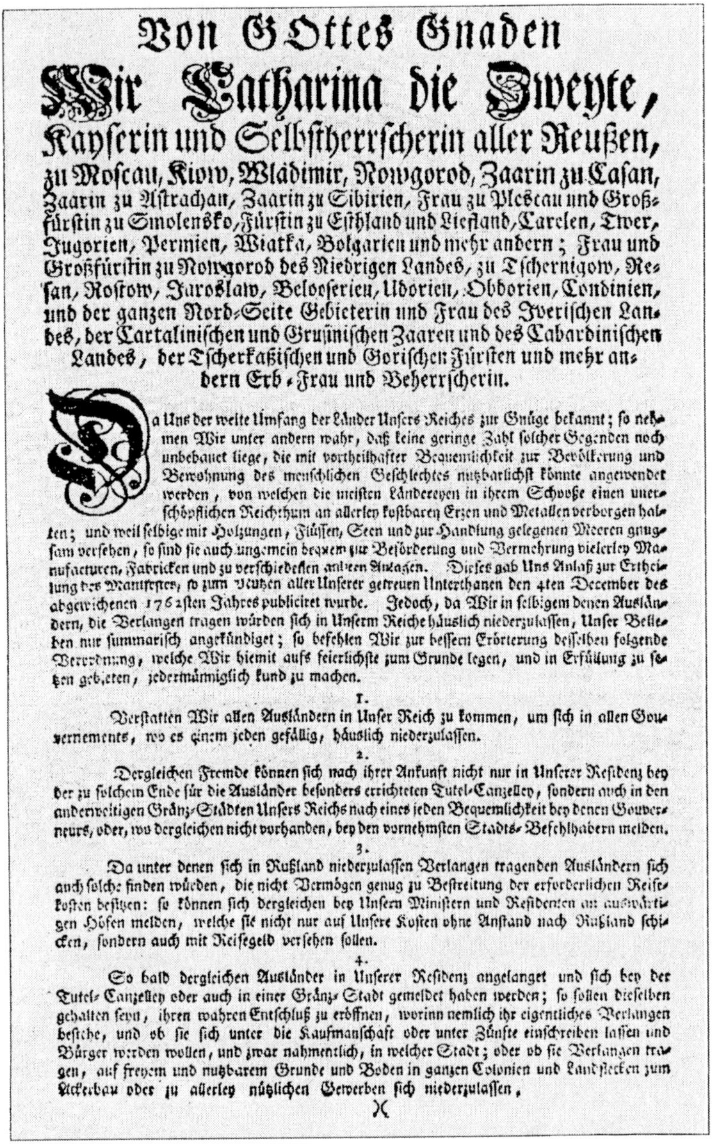

Von GOttes Gnaden
Wir Catharina die Zweyte,

Kayserin und Selbstherrscherin aller Reußen, zu Moscau, Kiow, Wladimir, Nowgorod, Zaarin zu Casan, Zaarin zu Astrachan, Zaarin zu Sibirien, Frau zu Plescau und Großfürstin zu Smolensko, Fürstin zu Esthland und Liefland, Carelen, Twer, Jugorien, Permien, Wiatka, Bolgarien und mehr andern; Frau und Großfürstin zu Nowgorod des Niedrigen Landes, zu Tschernigow, Resan, Rostow, Jaroslaw, Belooserien, Udorien, Obdorien, Condinien, und der ganzen Nord-Seite Gebieterin und Frau des Jwerischen Landes, der Cartalinischen und Grusinischen Zaaren und des Cabardinischen Landes, der Tscherkassischen und Gorischen Fürsten und mehr andern Erb-Frau und Beherrscherin.

Da Uns der weite Umfang der Länder Unsers Reiches zur Gnüge bekannt; so nehmen Wir unter andern wahr, daß keine geringe Zahl solcher Gegenden noch unbebauet liege, die mit vortheilhafter Bequemlichkeit zur Bevölkerung und Bewohnung des menschlichen Geschlechtes nutzbarlichst könnte angewendet werden, von welchen die meisten Ländereyen in ihrem Schooße einen unerschöpflichen Reichthum an allerley kostbaren Erzen und Metallen verborgen halten; und weil selbige mit Holzungen, Flüssen, Seen und zur Handlung gelegenen Meeren gnugsam versehen, so sind sie auch ungemein bequem zur Beförderung und Vermehrung vielerley Manufacturen, Fabricken und zu verschiedensten andern Anlagen. Dieses gab Uns Anlaß zur Ertheilung des Manifestes, so zum Nutzen aller Unserer getreuen Unterthanen den 4ten December des abgewichenen 1762sten Jahres publiciret wurde. Jedoch, da Wir in selbigem wegen der Ausländern, die Verlangen tragen würden sich in Unserm Reiche häuslich niederzulassen, Unser Belieben nur summarisch angekündiget; so befehlen Wir zur bessern Erörterung desselben folgende Verordnung, welche Wir hiemit aufs feierlichste zum Grunde legen, und in Erfüllung zu setzen gebieten, jedermänniglich kund zu machen.

1.

Verstatten Wir allen Ausländern in Unser Reich zu kommen, um sich in allen Gouvernements, wo es einem jeden gefällig, häuslich niederzulassen.

2.

Dergleichen Fremde können sich nach ihrer Ankunft nicht nur in Unserer Residenz bey der zu solchem Ende für die Ausländer besonders errichteten Tutel-Canzelley, sondern auch in den anderweitigen Gränz-Städten Unsers Reichs nach eines jeden Bequemlichkeit bey denen Gouverneurs, oder, wo dergleichen nicht vorhanden, bey den vornehmsten Stadts-Befehlshabern melden.

3.

Da unter denen sich in Rußland niederzulassen Verlangen tragenden Ausländern sich auch solche finden würden, die nicht Vermögen genug zu Bestreitung der erforderlichen Reisekosten besitzen: so können sich dergleichen bey Unsern Ministern und Residenten an auswärtigen Höfen melden, welche sie nicht nur auf Unsere Kosten ohne Anstand nach Rußland schicken, sondern auch mit Reisegeld versehen sollen.

4.

So bald dergleichen Ausländer in Unserer Residenz angelanget und sich bey der Tutel-Canzelley oder auch in einer Gränz-Stadt gemeldet haben werden; so sollen dieselben gehalten seyn, ihren wahren Entschluß zu eröffnen, worinn nemlich ihr eigentliches Verlangen bestehe, und ob sie sich unter die Kaufmannschaft oder unter Zünfte einschreiben lassen und Bürger werden wollen, und zwar nahmentlich, in welcher Stadt; oder ob sie Verlangen tragen, auf freyen und nutzbarem Grunde und Boden in ganzen Colonien und Landflecken zum Ackerbau oder zu allerley nützlichen Gewerben sich niederzulassen.

)(

Abb. 1
Manifest der Kaiserin Katharina II. vom 22. Juli 1763, in dem Menschen aus allen deutschen Ländern zur Ansiedlung in Russland eingeladen werden.

Den Einwanderern wurde versprochen, dass sie finanzielle Unterstützung zur Ansiedlung in Russland, »ein genügendes Quantum tauglicher und vorteilhafter Ländereien« sowie Kredite für den Aufbau einer Landwirtschaft und Steuerfreiheit für die ersten zehn Jahre erhalten sollten. Darüber hinaus wurde ihnen auch die Befreiung vom Militärdienst, Selbstverwaltung und freie Religionsausübung, einschließlich des Rechts zum Bau von Kirchen und zur Anstellung von Seelsorgern, zugesichert.[6]

Als Hauptansiedlungsgebiet wurde die Gegend an der unteren Wolga festgelegt, wo nach dem Ansiedlungsplan von 1764 jede Familie 30 Desjatinen, d. h. knapp 33 Hektar Land zugeteilt bekommen sollte. Über 30.000 Siedler folgten dieser Einladung bis zum Jahre 1774, von denen schließlich rund 26.000 an der unteren Wolga, nördlich und südlich von Saratow insgesamt 104 Dörfer, sogenannte »Kolonien«, gründeten, die in der Regel nach Konfessionen getrennt waren. Von diesen 104 Mutterkolonien im Wolgagebiet waren 39 katholisch,[7] so auch Gattung/Zug, der Geburtsort von Alois Lang.

Bis 1850 war die Zahl der Wolgakolonisten auf über 165.000 angewachsen, bis 1890 auf über 400.000 in 198 Dörfern.[8] Auch die Bevölkerungszahl von Gattung stieg von

---

[6] Gerd Stricker, Deutsche Geschichte im Osten Europas. Rußland, Berlin 1997, 51.
[7] Karl Stumpp, Brief an Prälat Pieger, Tübingen, den 12.3.67.
[8] Stricker, S. 63 bzw. 91.

ursprünglich 157 Siedlern auf 1.340 Einwohner 1850 und auf über 3.600 vor dem Ersten Weltkrieg.[9]

Als großes Problem der deutschen Kolonien an der Wolga erwies sich bald die Versorgung der Gemeinden mit deutschsprachigen Seelsorgern. Die ersten Seelsorger, die die Wolgakolonisten in ihre neue Heimat begleiteten, waren Franziskaner und Kapuziner aus der Missionspräfektur zu Polozk, die die deutsche Sprache vollkommen beherrschten.[10] Doch als diese nach und nach starben, stellte sich ein großer Mangel an deutschsprachigen Seelsorgern ein. Für das gesamte russische Reich hatte Katharina II., nachdem durch die erste Teilung Polens 1772 katholische Gebiete in ihren Herrschaftsbereich gekommen waren, 1773 eigenmächtig ein römisch-katholisches Bistum für ganz Russland mit Sitz in Mogiljow (Mohilew) errichtet, wozu der Heilige Stuhl ein Jahr später seine Zustimmung gab. Zu dieser riesigen Diözese gehörten nun auch die deutschen Kolonisten, doch die neuen Seelsorger waren Polen oder polonisierte Weißrussen, Litauer und Letten, die die deutsche Sprache kaum oder gar nicht beherrschten. Das Wort Gottes hörten die deutschen Kolonisten nur aus Predigtbüchern, aus denen ihnen mit mangelhafter Aussprache vorgelesen wurde.

---

[9] Joseph Schnurr, Die Kirchen und das religiöse Leben der Rußlanddeutschen. Katholischer Teil.
Aus Vergangenheit und Gegenwart des Katholizismus in Rußland. 2. Aufl., Stuttgart 1980, S. 262.
[10] Joseph Aloysius Keßler, Geschichte der Diözese Tyraspol, Dickinson, N. D., 1930, S. 13.

Dieser untragbare Zustand besserte sich jedoch, als 1803 deutsch sprechende Jesuiten in die Kolonien geschickt wurden, davon elf an die Wolga. Die Jesuiten, die nach der Aufhebung ihres Ordens (durch die Bulle »Dominus et Redemptor« vom 21. Juli 1773) sich nur noch in Russland offiziell betätigen konnten, mussten jedoch 1820 das Land wieder verlassen. Danach mussten die deutschen Kolonisten erneut mit polnischen Priestern vorlieb nehmen.

Erst durch das Konkordat vom 3. August 1847, das nach langen Verhandlungen zwischen Russland und dem Heiligen Stuhl zustande gekommen war und schließlich erst am 3. Juli 1848 in St. Petersburg ratifiziert wurde, wurden die Grundlagen für eine Besserung der religiösen Lage der russlanddeutschen Kolonisten geschaffen. Es war die Errichtung eines neuen römisch-katholischen Bistums für Russland (zu den sechs im Rahmen der Erzdiözese Mogiljow bereits bestehenden) speziell für die Hauptansiedlungsgebiete der (katholischen) Russlanddeutschen vorgesehen.

Bischofssitz, der zunächst im südrussischen Cherson sein sollte, wurde aufgrund der Proteste des dortigen orthodoxen Bischofs offiziell das kleine Städtchen Tiraspol am Dnjestr, doch bestimmte der erste Bischof Ferdinand Helanus Kahn die Stadt Saratow an der Wolga zum Bischofssitz. Die neue Diözese Tiraspol/Saratow zählte zunächst 52 deutsche Pfarrorte mit 40 Filialgemeinden, die zusammen etwa 200.000 deutsche Katholiken umfassten, hinzu kamen noch etwa 35.000 polnische Katholiken und 30.000 katholisch-unierte Armenier sowie rund 6.000 Georgier.

Abb. 2
Kathedrale und Bischöfliches Palais in Saratow an der Wolga, dem Sitz der 1848 für die Russlanddeutschen geschaffenen Diözese Tiraspol/Saratow

Bis 1914 war die Zahl der deutschen Pfarreien durch Teilungen auf 117 angewachsen, mit etwa ebenso vielen Filialen, betreut von 158 Priestern.[11] Durch den Aufbau eines Priesterseminars in Saratow, für das Dozenten aus Deutschland angeworben werden konnten, gelang es seit etwa 1865 mit der Zeit mehr und mehr deutsche Kolonistensöhne zu Priestern auszubilden und die seelsorgerische Situation in den Kolonien entscheidend zu verbessern. Um 1890 waren die meisten deutschen Pfarreien nicht mehr mit polnischen, sondern mit einheimischen, deutschen Pfarrern besetzt.[12]

Diese erfreuliche Entwicklung wurde jedoch durch die Machtergreifung der Bolschewiki 1917 und ihren Sieg im anschließenden Bürgerkrieg zunichte gemacht. Zunächst machten sich die neuen Machthaber daran, die katholische Hierarchie in Sowjetrussland zu zerschlagen. Der deutsche Bischof von Tiraspol, Joseph Keßler, wurde bereits 1917 zusammen mit dem Domkapitel und dem Priesterseminar aus Saratow vertrieben und musste in den damals noch von deutschen Truppen besetzten südlichen Teil seiner Diözese, nach Odessa, fliehen.[13] 1919 wurde das Oberhaupt der katholischen Kirche in Russland, der Erzbischof von Mogilow Baron Eduard von der Ropp, verhaftet, 1923 auch die letzten noch amtierenden katholischen Bischöfe. Bischof Keßler, der noch zwei Jahre von Odessa aus hatte wirken können, musste 1920 ins Ausland fliehen.[14]

---

[11] Stricker, S. 363.
[12] Keßler, S. 250f.
[13] Stricker, S. 366.
[14] Stricker, S. 389f.

Abb. 3
Joseph Aloysius Keßler, der letzte Bischof des Bistums Tiraspol/Saratow

In den deutschen Kolonien verlief das religiöse Leben zunächst noch einigermaßen ungestört. Die katholischen Priester verharrten trotz aller Repressalien viel stärker als ihre evangelischen Mitbrüder in ihren Gemeinden, und 1928/29 waren immerhin noch 83% aller Pfarreien der Diözese Tiraspol mit Priestern versorgt.[15] Das religiöse Leben in den Dörfern konnte trotz aller Beeinträchtigungen in den zwanziger Jahren noch einigermaßen aufrecht erhalten werden.

Einen Eindruck vom Leben in den katholischen Dörfern an der Wolga gibt ein Brief, in dem – wenn auch aus einem anderen, auf der Bergseite (rechtes Wolgaufer, im Unterschied zur Wiesenseite, dem linken Wolgaufer) gelegenen Dorf – die religiöse Situation während der 20er Jahre geschildert wird, wie sie so ähnlich auch in Gattung während der Kindheit von Alois Lang ausgesehen haben dürfte:

»Alle kirchlichen Feiertage, auch Marienfeiertage, wurden gehalten, ganz egal, auch wenn sie in die größte Arbeitszeit (so wie Ernte) fielen. Sonntagspflicht war heilig Pflicht, die wurde auch streng gehalten.

Ebenso war der Empfang der Sakramente eine Selbstverständlichkeit, angefangen von der Taufe bis zur Letzten Ölung. Dieses religiöse Leben war auch im ganzen Wolgagebiet in allen katholischen Dörfern der Brauch. Und dauerte bis 1927-28, bis die Vertreibung, Enteignung und Verfolgung losging.«[16]

---

[15] Stricker, S. 390f.
[16] Brief von Theresia Appelhans, Hofgeismar, 6.4.67; der Bericht bezieht sich auf die Gemeinde Rothammel.

Über die Stellung der Pfarrer vor der Machtübernahme der Kommunisten heißt es weiter in dem Bericht: »Ein Pfarrer stand mit seiner Gemeinde in bestem Verhältnis. Der Herr Pater, wie im allgemeinen gesagt wurde, war ein hochgeehrter und beliebter Mann. Der Herr Pater durfte auch in der Gemeinde im Gemeinderat mitbestimmen. So war es auch in der Erziehung der Jugend. Da spielte der Seelsorger die Hauptrolle. Er unterrichtete sämtliche Kinder und Jugendlichen selber, je nach Alter und in Gruppen eingeteilt. Den Katechismus sowie Vater unser, Ave Maria, Glaubensbekenntnis, die drei göttlichen Tugenden, vollkommene Reue, zehn Gebote, fünf Gebote der Kirche, sieben Hauptsünden, sieben Sakramente und noch vieles mehr mußte man bis zur ersten hl. Kommunion auswendig können. Die erste hl. Kommunion wurde sehr feierlich gehalten, so auch alle hohen Feiertage.«[17]

Das Leben war durch und durch von der Religion geprägt: »Beim Angelusläuten wurde der Engel des Herrn gebetet, egal wo man sich gerade befand, auch auf der Straße. Man blieb einfach stehen, einzeln oder in Gruppen, und betete. Die Werktagsmessen wurden außer der Hauptfeldarbeit gut besucht. Es wurden auch Abendandachten in dieser Zeit gehalten. Trotz der Abendandachten, Rosenkranz und in der Fastenzeit an den Freitagen Kreuzweg, wurde in den Familien fleißig der Rosenkranz gebetet. So sorgte auch der Pfarrer

---

[17] Brief von Theresia Appelhans, Hofgeismar, 6.4.67.

für Sitte und Ordnung bei der Jugend. Nach dem Angelusläuten ging der Herr Pfarrer mit seinem Gehstock durch die Straßen. Das war das Zeichen, daß die Jugend die Straße zu verlassen hatte.«[18]

So oder so ähnlich war das Leben auch in Gattung, das als besonders religiös, noch »christlicher« galt als die katholischen Nachbardörfer.[19] »Diese schöne Ordnung dauerte bis 1929-30«, heißt es in dem Bericht. »Dann wurden die Geistlichen eingesperrt, und das Unheil nahm seinen Lauf.«[20] Vor allem nach 1932 verschärfte sich der Kampf der Machthaber gegen die Kirche. Immer mehr Priester »verschwanden«, die Kirchen wurden geschlossen oder zweckentfremdet, ihr Inneres verwüstet und die Glockentürme wurden abgetragen. Das Feiern der heiligen Messe wurde durch das Fehlen von Priestern zunehmend unmöglich, auch andere, durch Laien mögliche Riten konnten nur heimlich und im Untergrund vollzogen werden.[21]

---

[18] Brief von Theresia Appelhans, Hofgeismar, 6.4.67.
[19] Brief von Mutter Lang, 18.6.67.
[20] Brief von Theresia Appelhans, 6.4.67.
[21] Stricker, S. 391.

Kindheit in Gattung/Zug
(1918-1932)

Unter solchen Umständen erblickte Alois Lang, der spätere Bruder Urban, am 4. Februar 1918 das Licht der Welt. Seine Eltern waren Johannes Lang, Sohn von Heinrich Lang und Emilia Lang geb. Depperschmidt, und Maria Lang geb. Mai, Tochter von Alois Mai und Emilie geb. Ebers, allesamt bäuerliche deutsche Kolonisten in Gattung.[22] Beide Eltern waren dort im gleichen Jahr 1890 geboren worden, die Mutter am 3. Mai und der Vater am 4. Juni.[23]

Sie hatten am 9. Februar 1910 geheiratet und wurden von Pfarrer Staub getraut, der auch bei der Hochzeitsfeier zugegen war und »alle Gäste zum Christentum ermahnt« hatte.[24]

Pfarrer Staub galt als »ein außergewöhnlich strenger, ordnungsliebender Seelsorger«, der die Gläubigen »mit großem Eifer zu ihrer Christenpflicht« anhielt. Er überlebte die Kirchenverfolgung und die Deportation der Russlanddeutschen und starb in großem Ansehen, neun Tage vor seinem 93 Geburtstag, am 3. Dezember 1963 in der Nähe von Karaganda.[25]

---

[22] Brief von Samuel Depperschmidt, Karaganda, 10.4.67.
[23] Brief von Mutter Lang (Tscheljabinsk), 16.7.67.
[24] Brief von Mutter Lang, 18.6.67.
[25] Brief von Paulina Leiker aus Karaganda, 10.4.67; Heimat im Glauben, Juli 1963. Nach anderen Quellen starb Pfarrer Staub 1961.

Weniger als zwei Jahre nach der Hochzeit, im Dezember 1911, wurde der Vater zum Wehrdienst eingezogen, aus dem er im März 1914 entlassen, aber auf Grund des Krieges im Juni 1914 erneut einberufen wurde. Während des Krieges kam er ein paar Mal verwundet nach Hause, jedes Mal war die Freude in der Familie groß, doch sobald er sich wieder erholt hatte, musste er wieder in den Krieg; erst 1918, kurz vor der Geburt von Alois, kam er endgültig nach Hause.[26] Auch wenn er nie darüber klagte, hatte seine Gesundheit doch unter dem sechsjährigen Militärdienst schwer gelitten.[27] Die Familie lebte zunächst bei den Schwiegereltern, zusammen mit den Geschwistern des Mannes und deren Familien, in einer Großfamilie von 32 Personen. Die Familie war sehr religiös, das Gebet morgens und abends, vor und nach den Mahlzeiten, bei dem die Großmutter vorbetete, war eine beständige Regel.[28]

Im großen Hungerjahr 1921 sah sich der Großvater gezwungen, die Familie zu teilen. Unter den deutschen Kolonisten an der Wolga war nicht – wie in weiten Teilen Deutschlands oder auch bei den Schwarzmeerdeutschen – das Anerbensystem üblich, bei dem ein Sohn (je nach Gegend der jüngste oder der älteste) den ungeteilten Hof erbte, sondern es wurde wie bei den russischen Bauern üblich die Wirtschaft gleichmäßig aufgeteilt. Doch unter den damaligen Verhältnissen konnte der Hof bestenfalls eine Familie ernähren, und so

---

[26] Brief von Mutter Lang, 18.6.67.
[27] Alois Lang, Autobiographische Aufzeichnungen über seine frühe Kindheit, verfasst kurz vor seinem Eintritt ins Kloster.
[28] Briefe von Mutter Lang, 4.6.67; 18.6.67.

blieb dem Großvater wohl nichts anderes übrig, als dem Vater von Alois zu sagen: »So nun, mein lieber Sohn, du bist der älteste Sohn und hast bereits eine große Familie, du magst jetzt schauen, wie du dich ernähren kannst, als Erbteil bekommst du nichts als eine Kuh.«[29]

So musste Johannes Lang am 9. Januar 1921[30] bei grimmiger Kälte mit seiner Familie das Elternhaus verlassen und sich eine andere Bleibe suchen. Es waren damals fünf Kinder, und um sie zu ernähren, suchte sich der Vater anderswo eine Arbeit. Doch dann erkrankte er und musste heimkehren, auch die Mutter erkrankte an Typhus. Es herrschte bittere Hungersnot. Die Kinder waren vor Hunger geschwollen und schwarz im Gesicht, sie ernährten sich von Resten, die das Vieh nicht mehr fraß, die man getrocknet, gemahlen und zu »Brot« verbacken hatte. Die beiden jüngsten Kinder, zwei Mädchen, sind dann 1923 im Alter von vier Jahren bzw. 7 Wochen vor Hunger gestorben.[31]

Trotz der großen Not mangelte es der Familie nie an Gottvertrauen, immerzu betete man um Hilfe und Beistand. Tatsächlich besserte sich allmählich der Gesundheitszustand sowohl bei der Mutter als auch beim Vater, und die drei größeren Kinder erholten sich, auch aufgrund der Lebensmittelspenden, die nun aus Amerika kamen.

---

[29] So Alois Lang selbst in seinen autobiographischen Aufzeichnungen über seine frühe Kindheit.
[30] Mutter Lang datiert dieses einschneidende Ereignis auf das Jahr 1923 (Brief v. 18.6.67); vgl. aber die autobiogr. Aufzeichnungen von Alois Lang.
[31] Alois Lang, autobiogr. Aufzeichnungen über seine frühe Kindheit; Brief von Mutter Lang, 16.7.67.

Aus Amerika kam auch Saatgut, der Vater konnte das Feld bestellen, die Ernte fiel gut aus und der gröbste Hunger hatte ein Ende. Nach dem Tod einer alten, alleinstehenden Frau, deren Pflege die Eltern übernommen hatten, erbte die Familie deren Häuschen mit einem Stall und einer Ziege. Im Laufe der Zeit konnte sie die Wirtschaft vergrößern und bis 1929 sogar zu einem bescheidenen Wohlstand kommen. Doch da folgte die Kollektivierung, der Hof wurde enteignet und die Familie stand erneut vor dem nichts.[32]

Inzwischen war Alois eingeschult worden - mit sieben oder acht Jahren kamen die Kinder in die nur vierjährige Schule. Sein erster Lehrer hieß Schuhmacher, war eine freundliche Natur, der den Kinder das, was er gemäß der kommunistischen Lehre beibringen musste, aus einem Buch vorlas. Dann aber folgte ein zweiter Lehrer namens Bracht, ein überzeugter Bolschewik, der die atheistische, kirchenfeindliche Doktrin radikal und bewusst vertrat.[33]

Wie sein Klassenkamerad und Banknachbar, der am gleichen Tag wie er geborene und getaufte Alexander Albert, berichtet, war »das einzige und wichtigste bei den deutschen Schulen..., daß der Unterricht in der deutschen Sprache abgehalten werden konnte«. Immerhin konnte Religionsunterricht bis 1931 in der Kirche erteilt werden.[34] Eine Mitschülerin, Emilia Schmidt geb. Albert, erinnert sich, dass

---

[32] Alois Lang, autobiogr. Aufzeichnungen über seine frühe Kindheit.
[33] Brieffragment, wahrscheinlich von Alexander Albert.
[34] Brief von Alexander Albert, 19.2.67.

Alois »ein fleißiger und gehorsamer Schüler« war, der Lehrer – obgleich Atheist – »hatte ihn dennoch gern«. Er sei auch ein fleißiger Kirchenbesucher gewesen, der beim Gottesdienst immer sehr andächtig war und auch im Kirchenchor mitsang.[35]

Alois lernte gern, hätte gern auch noch über die vierjährige Grundschulzeit hinaus weiter gelernt, doch war dies angesichts der wirtschaftlichen Lage der Familie nicht möglich. Zwar hatte der Vater öfters geäußert: »Wenn wir die Möglichkeit bekommen und es Gottes Wille ist, so lassen wir ihn Priester werden.«[36] Doch gerade als er die vierte Klasse beendet hatte, starb der Vater, und damit war notgedrungen »sein Lernen zu Ende«, wie die Mutter berichtet.[37]

Alois wird als »braver Jüngling« und »guter Kirchenbesucher« geschildert, der alle Gottesdienste treu besuchte und den man immer »in der Kirche, auf dem Sängerchor« finden konnte, als wahres »Vorbild aller Jugend in christlicher Religion«. [38]

Nach Angaben seiner Mutter hat er »immer gesungen« und »viel gebetet«. Natürlich hat er auch gespielt, meistens zu Hause auf dem Hof, und ab und zu auch in der Wolga gebadet, aber dazu war wenig Zeit: Die tägliche Sorge für das Essen ging vor. Aber immer wenn er Zeit – und etwas anzuziehen hatte, besuchte er die Gottesdienste.[39]

---

[35] Brief von Emilia Schmidt, Juni 1967.
[36] Briefe von Maria Lang, 18.6.67 und 4.6.67.
[37] Brief von Maria Lang, 4.6.67.
[38] Brief von Samuel Depperschmidt, Karaganda, 10.4.67.
[39] Brief von Maria Lang, 16.7.67.

Abb. 4
Kurat Johannes Hermann mit dem Kirchenchor von Gattung (1928). In diesem Chor sang auch Alois Lang, er ist auf diesem Bild vermutlich als 3. v. l. in der letzten Reihe zu sehen (neben ihm, als 4. v. l., möglicherweise sein Vater).

Am 18. August 1930 starb der von seinen Krankheiten geschwächte Vater im Alter von nur 40 Jahren. Alois war zugegen, als er zwei Tage vor seinem Tod von »Pater Hermann« (= Kurat Johannes Hermann) mit den Sterbesakramenten versehen wurde, und weinte bitterlich. Danach ging er noch lieber als in die Kirche auf den Kirchhof, um das Grab des Vaters zu besuchen und dort um dessen himmlische Ruhe zu beten. [40]

Kurz nach dem Tode des Vaters, im August 1930, musste auch Pfarrer Hermann die Gemeinde verlassen, er konnte Alois noch in aller Eile und Heimlichkeit zur Erstkommunion führen. [41]

Alois lebte nun als Halbwaise bei seiner Mutter, zusammen mit seiner Schwester Emilie und seinem Bruder Johannes, der taubstumm war. Im März 1932 mussten sie ihren Heimatort Gattung verlassen. [42]

---

[40] Brief von Maria Lang, 18.6.67.
[41] Brief von Maria Lang, 16.7.67.
[42] Brief von Maria Lang, 4.6.67.

Abb. 5
Pfarrkirche St. Peter und Paul in Tiflis

Jugendjahre in Tiflis
(1932-1940)

»Im März 1932 verließen wir Gattung, denn jeder Mensch muß täglich essen und trinken, ein jeder will täglich Brot haben«, erinnert sich Alois' Mutter 35 Jahre später.[43] Der Weg führte die Familie ins weit entfernte Tiflis, die Hauptstadt Georgiens.

Tiflis, Verkehrs- und Handelszentrum an der Kulturgrenze zwischen Orient und Okzident, zählte zu dieser Zeit etwa 410.000 Einwohner der verschiedensten Nationalitäten, vor allem Georgier, Armenier und Russen. Es gab zwei katholische Gemeinden, die Mariä-Himmelfahrt-Pfarrei mit 3.300 Seelen und die Peter-Paul-Pfarrei mit 7.000 Seelen.[44] Die Pfarrkirche der Hll. Peter und Paul war 1877 im Renaissance-Stil erbaut worden.[45]

Dort gab es um 1930 nur drei oder vier deutsche katholische Familien, doch 1932/33 kamen, wie die Langs, zahlreiche deutsche Katholiken aus dem hungernden Wolgagebiet. Mutter Lang fand Arbeit als Wäscherin bei katholischen Georgiern. Andere Russlanddeutsche, die bereits zuvor nach Tiflis gekommen waren, schilderten die Neuankömmlinge als »sehr arm, aber auch sehr fromm, sie wurden von allen geliebt und geachtet, besonders von P. Emanuel, der den Alois sogleich

---

[43] Brief von Maria Lang vom 4.6.67.
[44] Keßler, Geschichte der Diözese Tyraspol, S. 284; Schnurr, S. 302.
[45] Schnurr, S. 302.

zu seinem Ministranten bestimmte und ihn lateinisch lesen lehrte.« Weiterhin wird berichtet, dass Alois schon damals den Wunsch gehabt habe, Priester zu werden, und P. Emanuel ihm dabei behilflich sein wollte. Zwei, drei Jahre habe er dem Priester mit größter Andacht am Altar gedient, danach als Chorsänger an der Gestaltung der Gottesdienste teilgenommen, wobei er ebenfalls »immer mit Andacht und Freude erfüllt war«.[46] »Pater Emanuel«, das war der katholische Pfarrer von Tiflis, der Georgier Emanuel Wardidse, der neben zahlreichen anderen Sprachen auch das Deutsche gut beherrschte. Er hatte großes Mitleid mit den Flüchtlingen aus dem Wolgagebiet, besonders mit den Kindern, und half, wo er konnte, nicht nur in seelischen, sondern auch in leiblichen Nöten. Er »suchte sich unter den herbeigekommenen deutschen katholischen Kindern die besten und frömmsten heraus als Meßdiener«, darunter auch Alois Lang, der als »stiller, sittsamer, frommer Knabe« beschrieben wird.[47]

»Im Verlauf eines Monats hatte sich der Priester in Alois verliebt«, erinnert sich die Mutter, »und nun hatte Alois wieder ein rechten und wahren Seelsorger«. Alois wurde Messdiener und Chorsänger, »die Kirche war sein zweiter Wohnort«. Pfarrer Wardidse bat die Mutter des öfteren, ihm Alois zur Ausbildung für den geistlichen Stand zu überlassen, doch diese musste die Bitte ablehnen: Er musste die Familie ernähren, denn weder der taubstumme Bruder noch die kranke Schwes-

---

[46] Brief von Gertruda Dötzel, Karaganda, 10.8.67.
[47] Brief von Gertruda Dötzel, Karaganda, 10.4.67.

ter waren dazu in der Lage. So arbeitete Alois in Tiflis als Maurer, aber jede freie Stunde verbrachte er in der Kirche.[48]

In Tiflis »waren wir wieder glücklich«, berichtet Alois' Mutter. »Wir konnten wieder Gottes Wort hören und in die Kirche gehen.« Alois habe gerne weiter lernen wollen, aber dazu habe es keine Möglichkeit gegeben, er musste arbeiten gehen. Seine Vorgesetzten auf dem Bau hatten ihn gern, denn er war sehr, sehr fleißig.[49]

Immer wenn er Zeit hatte, ging Alois zur Kirche. Er war, wie die Mutter berichtet, außerhalb der Arbeitszeit als Maurer »mehr beim Pater als bei mir zu Hause«. Und weiter: »Pater Emanuel war Alois sein Alles. Bei ihm hat er gelernt alles, alles, alles... was ihm bedürflich war.« Von ihm »bekam er Lateinunteriaht, Schreiben, Lesen und Rechnenunterricht... kurz gesagt alles, alles, alles.« Obwohl die Gegend in Tiflis sehr schön sei, habe Alois niemals Ausflüge in die Umgebung gemacht: Sein Ausflug war die Kirche und Pater Emanuel.[50]

Doch schon bald, im September 1935, wurde P. Emanuel wieder einmal verhaftet, diesmal zu fünf Jahren Lagerhaft verurteilt, die er im Lager Dolinka in der Nähe von Karaganda in Kasachstan verbrachte.[51]

Pater Emanuel, der als Peter Wardidse 1886 in einem katholischen Dorf in Georgien (Arali an der Grenze zur Türkei) geboren wurde, wird als »sehr mild und freundlich, ein

---

[48] Brief von Maria Lang vom 4.6.67.
[49] Brief von Maria Lang vom 18.6.67.
[50] Brief von Maria Lang, 16.7.67.
[51] Roman Dzwonkowski, Losy duchowienstwa katolickiego w ZSSR 1917-1939. Martyrologium, Lublin 1998, S. 497.

Mann von großer Gelehrtheit und gutem Herzen« beschrieben, der in der multiethnischen Stadt Tiflis bei den Menschen verschiedenster Nationen und Konfessionen gleichermaßen angesehen war. Mit zehn Jahren war er zur Ausbildung nach Frankreich geschickt worden, hatte dort und in Italien studiert und war mit 24 Jahren als katholischer Priester, der bei seiner Weihe den Namen Emanuel angenommen hatte, in seine georgische Heimat zurückgekommen.[52] Nach kürzerer Tätigkeit als Priester im Nordkaukasus und auch an der Wolga amtierte er 45 Jahre lang als Pfarrer in Tiflis, war gleichzeitig auch Generalvikar und Bischofsvikar für ganz Georgien. Sechs Mal wurde er von den Behörden verhaftet und verurteilt, das letzte Mal zu fünf Jahren im Lager Dolinka in Kasachstan. Danach heimlich wieder nach Tiflis gebracht und bei Hungerrationen für ein Jahr im Gefängnis gehalten, bis er im Herbst 1940 wieder in die Freiheit entlassen wurde.[53] Er starb am 25. März 1966 in Tiflis.[54]

Er war ein Mann von großer Weisheit und Gelehrsamkeit, der sich in 14 Sprachen gut unterhalten konnte[55] und 18 Sprachen[56] beherrschte: Georgisch, Armenisch, Arabisch, Türkisch, Assyrisch, Azerbaidschanisch, Latein, Italienisch, Französisch, Englisch, Deutsch, Spanisch, Polnisch, Russisch,

---

[52] Fünfseitige handschriftliche Niederschrift von Valentina Dötzel über P. Emanuel Wardidse, S. 1.
[53] Niederschrift von V. Dötzel über P. Emanuel Wardidse, S. 2.
[54] Ebd., S. 4.
[55] Ebd., S. 5.
[56] So auch Maria Lang in ihrem Brief von 16.7.67.

klassisches und modernes Hebräisch sowie Alt- und Neu-Griechisch.[57]

Besonders beliebt war er bei den Deutschen, die wegen der großen Hungersnot 1932 bis 1934 in relativ großer Zahl nach Tiflis gekommen waren. Sie hatte er auch besonders in sein Herz geschlossen und kümmerte sich aufopferungsvoll um sie: »Es ist unbeschreiblich, wie sich dieser Pater bemühte diesen Armen zu helfen. Er half mit Nahrung, Kleidern, Geld. Er durchwanderte die ganze Stadt, besuchte die Orte außerhalb und suchte die Deutschen auf. Er hatte sie besonders lieb, wegen ihres festen Glaubens. Hungrig, in Lumpen gekleidet, barfuß standen sie auf dem steinernen Boden der Kirche und hörten mit Andacht Gottes Wort und die hl. Messe. Dieses alles zog sein liebendes Vaterherz mächtig an.«[58]

»Der Priester in Tiflis hat mich oft gebeten, ich soll den Alois ihm geben auf immer. Bei diesem Priester war Alois immer und immer, dort betete er und lernte etwas weiter: lesen, schreiben, rechnen usw. Ich habe es nicht getan, denn ich hatte dann doch keinen Trost mehr. Seine freie Zeit hat er immer bei dem Pater verbracht. Der Pater selbst sagte oftmals: ›Mein Kind, komm immer zu mir, denn ich habe eine sehr große Freude an dir.‹ Und Alois war mehr beim Pater als bei mir. Ich war auch nicht dagegen – ich hatte auch dabei eine sehr große Freude.[59]

---

[57] Dzwonkowski, Losy duchowienstwa, S. 497.
[58] Dötzel, Niederschrift über P. Wardidse, S. 4.
[59] Brief von Maria Lang vom 18.6.67.

In Tiflis starb auch Alois' Schwester Emilie und hinterließ zwei kleine Kinder, das eine zwei Jahre, das andere gerade erst zwei Wochen alt; auch dieses Mädchen starb nach einem Jahr.[60]

Um seine überlebende Nichte kümmerte sich Alois rührend, ihr galt seine letzte Sorge, als er zum Militärdienst eingezogen wurde. Darüber berichtet seine Mutter: 1939 ging Alois in den Soldatendienst. Den letzten Tag, den er zu Hause war, verbrachte er auf dem Kirchhof bei seiner Schwester. Er kaufte zuvor Konfekt und legte es auf das Grab seiner Schwester. Später sagte er zu dem Kind seiner Schwester: »Komm, Röschen (das Kind heißt Rosa; sie hat jetzt schon einen Mann und 3 Kinder), wir wollen deine Mama besuchen.« Als sie dort waren, schickte er das Kind voraus zum Grab. Das Kind fand auf dem Grab die Süßigkeiten. Da sagte Alois: »Das hat deine Mutter dir hingelegt.« Die Freude des Kindes war groß. Alois aber verbrachte den ganzen Tag am Grab im Gebet, und morgens früh nahm er Abschied von den Seinen, machte das Kreuzzeichen über uns alle und ging zum Lossenhaus.[61]

---

[60] Brief von Maria Lang vom 16.7.67.
[61] Brief von Maria Lang vom 16.7.67.

Als russischer und als deutscher Soldat
(1940-1945)

Im Februar 1940 wurde Alois zum Militär eingezogen.[62] Er sollte nie mehr nach Hause bzw. zu seiner Mutter zurückkommen. Die letzten Lebenszeichen, die seine Mutter von ihm erhielt, waren zwei Briefe, geschrieben nach Hitlers Angriff auf die Sowjetunion vom 22. Juni 1941, der für den jungen sowjetischen Soldaten deutscher Nationalität den Eintritt in den Krieg bedeutete. Im ersten Brief vom 28. Juni 1941 schreibt er, noch sei alles beim Alten, doch sie wären bereits ausgerüstet und warteten jeden Tag auf ihren Marschbefehl. Er bittet die Mutter, sich nicht zu viele Sorgen zu machen, denn »mit Gottes Hilfe kommen wir auch wieder zusammen, der Krieg wird ja nicht lange gehen, es gibt auch bald wieder Frieden. Und ich denke doch, dass ich bis zum Herbst nach Hause komme, aber das hängt alles von Gottes Willen ab.«[63]

Im zweiten Brief vom 3. Juli 1941, der im Original erhalten ist, berichtet er, dass sie sich jetzt in der Nähe von Kiew befänden und es bald »ins Feuer« gehe. Es gehe »immer dichter« an die Front, »aber Gott soll unser Helfer sein«. Wenn es Gottes Wille sein solle, dass er sein junges Leben auf dem

---

[62] Dass die Mutter den 9. Februar 1939 als Einberufungstermin nennt (Brief v. 4.6.67), kann wohl nur auf einem Irrtum beruhen.
[63] Brief von Alois Lang v. 28. Juni 1941 in der Abschrift von Mutter Lang v. 13.8.67.

Abb. 6
Alois Lang als russischer Soldat

Schlachtfeld als Opfer hingebe, so möge Sein Wille geschehen. Nur eine einzige Bitte an den lieben Gott habe er: »Wenn ich nur noch einmal Euer Angesicht anschauen könnte, liebe und teure Mama, seid nur nicht verzagt – Gott lebt noch, der uns herzlich liebt.« Eine bezeichnende letzte Bitte hat er noch an die Mutter: »Wenn Ihr wollt und könnt, dann seid so gut und verkauft meinen Palto (Wintermantel) oder was anderes und gebt ein paar Messen für mich in Auftrag, dass Gott uns zu Hilfe kommt«. Er tröstet die Mutter damit, dass alles Zeitliche bald vergehe, »wenn wir nur dort glücklich ankommen, dort wollen wir uns wiedersehen in der himmlischen Heimat. Traget alles mit Geduld; was Gott uns auferlegt, das wollen wir mit Freude tragen. Ich habe mich ganz in den Willen Gottes ergeben, es kann gerade kommen, wie Er will.«[64]

Kurz darauf geriet Alois im Raum von Minsk-Witebsk bei Augustowa in ein Gefecht, bei dem ihm das Pferd unter dem Körper totgeschossen wurde und er in deutsche Kriegsgefangenschaft kam. Da das Bau-Pionier-Bataillon 57 einen Dolmetscher benötigte, suchte man unter den Gefangenen. Die Wahl fiel auf Alois Lang, und so kam er zu dieser Einheit. Neben der Dolmetschertätigkeit musste er Küchendienst in der Küche des Offiziersstabs verrichten. Zunächst verhielten sich die deutschen Soldaten nicht besonders gut zu ihm, aber – wie berichtet wird – »aus großer Liebe zu unserem Herrgott trug er alles mit Würde und Geduld«. Er hatte dann jedoch

---

[64] Brief von Alois Lang vom 3. Juli 1941 (Original; sprachlich leicht überarbeitet).

Abb. 7
Alois Lang und Julius Bader

das Glück, dem Koch und Unteroffizier Julius Bader aus Freiburg i. B. zugeteilt zu werden, der wie ein Vater zu ihm war. Im Sommer 1943 und im Februar 1944 nahm er ihn mit in den Heimaturlaub nach Freiburg und versprach ihm, dass er dort eine zweite Heimat haben werde, auch wenn er, Julius Bader, den Krieg nicht überleben werde.

Da er wusste, dass Alois schon einmal russischer Soldat war, und sich ausmalen konnte, was das bedeuten würde, wenn er wieder in die Hände der Sowjetarmee fiele, gab er ihm für diesen Fall den Rat, seine Heimatadresse in Freiburg als Adresse anzugeben.[65]

Tatsächlich überlebte sein väterlicher Freund den Krieg nicht, sondern fiel am 13. Juli 1944 bei einem Partisanenüberfall. Doch seine Witwe, Maria Bader, wiederholte in vielen Briefen immer wieder die Bitte ihres verstorbenen Mannes, nach dem Krieg zu ihnen nach Freiburg zu kommen.[66] Als Volksdeutscher wurde Alois Lang dann in die Wehrmacht aufgenommen, und obschon sein eigentlicher Dienst im Stab war, musste auch er bei Alarm in den vordersten Graben.

Er hatte auch dann immer »ein kleines, dickes Gebetbuch« dabei und »sehr viel davon Gebrauch gemacht«. Und der Kamerad, der dies berichtet, fügt hinzu: »Oft hab ich schon daran gedacht, ob uns das so glücklich durch den Granathagel geleitet hat.«[67]

---

[65] Werner-Egon Groß, das Leben des Kapuzinerbruders Urban 1918-1965, S. 7.
[66] Brief von Maria Bader, 23.10.1965 (hier wird als Zeitpunkt der Gefangenschaft jedoch irrtümlich das Frühjahr 1942 genannt).
[67] Brief von Alfred Feuerbacher, 10.9.66.

Abb. 8
Alois Lang in Passowa, August/September 1941

Abb. 9
Alois Lang in Wjasma, April 1942

Alle Kameraden waren voll des Lobes über die Kameradschaftlichkeit von Alois Lang. »Man konnte ihn überall gebrauchen, er sah die Arbeit, man mußte ihn nicht erst aufmerksam machen«, lautet das Urteil seines Vorgesetzten.[68]

Neben der Todesgefahr, die er mit allen Frontsoldaten als tägliches Schicksal teilte, bestand für Alois Lang noch die besondere Gefahr, dass er auch dann einem sicheren Tod entgegensah, wenn er in russische Gefangenschaft geriete und dabei seine wahre Identität festgestellt würde. In dieser Zeit muss sein Entschluss gefallen sein, wenn er all dies überleben würde, sein Leben ganz dem Herrgott zu weihen und in ein Kloster einzutreten. So jedenfalls erzählte er nach dem Krieg einem Kameraden von damals: »Als ich noch in Russland war, der Tod täglich auf uns lauerte und die große Gefahr wieder in russische Hände zu fallen, gelobte ich unserm Herrgott, dass, wenn er mich beschütze und die Schrecken des Krieges überleben ließe, werde ich mein Leben ihm schenken und entschloss mich in ein Kloster zu gehen, um ihm, unserm Herrn, dienen zu können.«[69]

Zwei Bilder von Alois Lang aus dieser Zeit zeigen ihn einmal beim Vorlesen irgendeiner Verordnung in Passowa nördlich von Smolensk und einmal in deutscher Uniform in Wjasma.[70]

Im Februar 1945 geriet Alois Lang dann in sowjetische Kriegsgefangenschaft.

---

[68] Brief von P. Eberhard Moßmaier v.15. Juni 1967.
[69] Brief von Fritz Wirth, 21.1.67.
[70] Brief von H. Piehl, 22.6.67.

In sowjetischer Gefangenschaft
(1945-1949)

Im Februar 1945 geriet Alois Lang nach vier Jahren Einsatz an der Ostfront in russische Gefangenschaft. Wenn dort seine Identität als Wolgadeutscher, d. h. als sowjetischer Staatsbürger und ehemaliger Soldat der Roten Armee, erkannt worden wäre, hätte dies seinen sicheren Tod bedeutet. Wie durch ein Wunder aber blieb dies unentdeckt, und er wurde nach vier Jahren entlassen.

Mit 120.000 Mann kam er auf der Halbinsel Helau in Gefangenschaft und wurde dann in ein Lager in Minsk gebracht, wo er drei Jahre verbrachte. Ein Kamerad, der mit ihm zusammen in Gefangenschaft geriet, erinnert sich:

Jetzt kam das Schlimme für Alois: als Russe in russischer Gefangenschaft. Er durfte also kein Wort Russisch sprechen, sonst wäre er verraten gewesen. Wie oft hat er gesagt: Lieber Alfred, von dir hängt mein Leben ab. Da musste ich ihn oftmals beruhigen, daß ich ihn nie verraten werde und wenn es mir noch so schlecht ergehen soll, das habe ich ihm geschworen, und das hat ihm alles wieder Kraft gegeben zum Ausharren.«[71] Zu Beginn der Gefangenschaft mussten die Kriegsgefangenen zur Feststellung ihrer Identität 42 Fragen aus ihrem Leben beantworten, die sie dann bei der Entlas-

---

[71] Brief von Alfred Feuerbacher, 10.9.66.

sung auswendig wiederholen mussten. Gemeinsam mit dem Kameraden überlegte er passende Antworten, was man z. B. auf die Frage nach der letzten Arbeitsstelle antworten könne. Und das ganze musste konspirativ geschehen, nicht nur wegen der sowjetischen Aufpasser, sondern vor allem auch aus Furcht vor Verrat seitens der Mitgefangenen. »Es durfte ja niemand erfahren, daß er Russe war, denn um einen kleinen Vorteil hätte ihn mancher den Russen ausgeliefert.«[72] Diesem Kameraden gegenüber blieb er zeitlebens besonders zu Dank verpflichtet. Anderen gegenüber betonte er später oft, wenn dieser auch nur ein einziges ungeschicktes Wort gesagt und dadurch herausgekommen wäre, dass er ehemaliger russischer Soldat war, wäre es um ihn geschehen gewesen.[73]

Was für ein Schicksal ihm im Falle der Entdeckung seiner wahren Identität drohte, wurde ihm eines Tages deutlich vor Augen geführt, als er die Behandlung ehemaliger Wlassow-Soldaten sah. Die Soldaten der sog. Wlassow-Armee, einer aus russischen Kriegsgefangenen zusammengestellten Truppe, die freiwillig auf der Seite der Deutschen gekämpft hatten, waren bei Kriegsende zum großen Teil in die Hände der Amerikaner und Engländer gefallen, von diesen aber an die Sowjetunion ausgeliefert worden. Und Alois Lang soll eines Tages gesehen haben, wie Angehörige dieser Truppe gefesselt am Lager vorbeigeführt und ausgepeitscht wurden, um schließlich aufgehängt zu werden. Er konnte sich daher leicht

---

[72] Brief von Alfred Feuerbacher, 10.9.66.
[73] Brief von Eugen Grüner, 17.2.67.

ausrechnen, dass man auch mit ihm ähnlich verfahren werde, wenn man entdeckte, dass er sowjetischer Staatsbürger und ehemaliger sowjetischer Soldat war.[74]

Der Kriegsgefangene Alois Lang war einer Gipserbrigade zugeteilt und fiel dabei wegen seiner guten Arbeitsleistung auf. Weil er einmal das Dreifache und einmal sogar das Sechsfache des Arbeitssolls erfüllt hatte, erhielt er sogar zweimal Erholungsurlaub. Dabei kamen die Betreffenden in einen eigenen Bunker, der mit normalen, weiß bezogenen Betten eingerichtet war und wo ihnen das Essen ans Bett gebracht wurde; dazu durften sie dreimal wöchentlich ins Varieté. Neben den Lagerarbeiten arbeitete Alois auch noch privat als Backofenmaurer, wobei ihm zugute kam, dass er genau verstand, was die Leute von ihm wollten, wobei er jedoch natürlich nicht zu erkennen geben durfte, dass er Russisch verstand.[75]

Ein anderer Mitgefangener, der ihn Ende September 1945 im Lager in Minsk kennenlernte, schrieb: »Von Anfang an bewunderte ich seine starke, innerlich gefestigte Glaubenshaltung. Sie gab ihm die Kraft seiner Opferbereitschaft. Sie gab ihm den Willen, durch sein Opfer und seine Ganzhingabe zu sühnen. Er hat sein Leben immer in diesem Aspekt gesehen...

Er imponierte mir mit seinem ausgesprochen handwerklichen Geschick. Was er anpackte, gelang. So kam es, daß

---

[74] Groß, Das Leben des Kapuzinerbruders Urban, S. 13f.
[75] Brief von Alfred Feuerbacher, 10.9.66.

der Direktor des Sägewerks ein Augenmerk auf ihn warf und ihn daheim bei sich wochenlang beschäftigte. Das verhalf ihm nachher zu einer Meisterstelle in der Bauschreinerei... Alois war die Aufmerksamkeit und Zuvorkommenheit selbst in einer Umgebung, wo ein jeder nur an sich dachte und mit sich beschäftigt war. Davon war bei ihm nichts zu merken. Er holte für mich immer das Essen, kontrollierte meine Klamotten. Eines Tages nähte er mir sogar die Stiefel, die am Auseinanderfallen waren, wieder wunderschön zusammen. Und das alles, ohne daß man einen Wunsch oder eine Bitte zu äußern brauchte. Daß so etwas noch im tristen Dasein der Gefangenschaft möglich war, das erschien als etwas Wundervolles, das stimmte über die Maßen froh. So möchte ich – trotz allem Elend der Gefangenschaft – diese einfach herrlichen Tage nicht missen. Seine Hilfsbereitschaft erstreckte sich aber keineswegs nur auf mich, weil ich vorhatte, Theologie zu studieren. Keiner war davon ausgenommen. Alois hatte für einen jeden ein freundliches Wort. Sein Augenmerk galt in besonderer Weise jenen Kameraden, die mit ihren Nerven herunter waren oder die mit sich nicht mehr zurecht kamen. Das geschah aber alles unauffällig, selbstverständlich, ohne Aufhebens... Alles in allem, er war ein hochwertiger Mensch, mit einem Wort ein einzigartiger Charakter.

Sein Gottvertrauen hatte etwas Unmittelbares. In all den notvollen Jahren der Gefangenschaft traf ich nicht mehr einen solchen Beter, der so innig beten konnte. Unvergeßlich bleibt es einem, wie gesammelt, herzlich, entrückt er betete, wenn er neben einem still auf der Pritsche den Rosenkranz betet. Er betete ihn sehr häufig. Ja, wenn man wähnte, er ruhe oder schlafe, dann war er noch häufig still für sich am Beten...«[76]

Albert Wörner, der dies berichtet, wurde später Kapuzinerpater und es war wohl auch eine Fügung Gottes, dass gerade er ihm im Lager begegnete und sein Zimmergenosse wurde. Wie sie sich kennen lernten, beschreibt er folgendermaßen: »Es war Ende Oktober [1945], da entspann sich in unserem Lager 12 zu Minsk eine Diskussion. Es war in einem Sägewerk, wo wir uns wärmten. Ein blutjunger Soldat hatte die alten Parolen über Religion, Bibel, Kirche, wie sie ihm in der Hitlerjugend aufgetischt worden waren, zum besten gegeben. Ich griff ins Gespräch ein und gab ihm den Rat: ›Laß deine Finger von Dingen, die du noch nicht verstehst!‹ Oben auf dem Gerüst hatte ein Kamerad, beide Arme in die Seiten gestemmt, aufmerksam das Gespräch mitverfolgt. Als es zu Ende war, sprang er herab und fragte mich: ›Was bist du denn von Beruf?‹ Ich erklärte ihm: ›Ich bin Abiturient, ich will später mal Kapuziner werden.‹ Da fiel er mir um den Hals vor Freude und rief: ›Mensch, so einen such ich schon lange.‹ Er stellte sich dann als Alois Lang aus Freiburg vor. So hatten wir uns auf den ersten Blick gefunden. Er erreichte, daß wir beide in dieselbe Kompanie kamen und wir beide Nachbarn auf der Pritsche wurden. Um möglichst viel beisammen zu sein, meldeten wir uns zur Nachtschicht. Dies währte von Mitte Dezember 1945 bis Ende Januar 1946. Eine wunderschöne Zeit war das. In freien Stunden unterhiel-

---

[76] Erinnerungen von P. Aemilian.

> # ERLASS
> ## des Präsidiums des Obersten Sowjets der Union der SSR
>
> Согласно точным данным, полученным военными властями, среди немецкого населения, проживающего в районах Поволжья, имеются много тысяч диверсантов и шпионов, которые по сигналу из Германии должны произвести взрывы в районах Поволжья, заселенных немцами. О наличии такого большого количества диверсантов и шпионов среди немецкого населения Поволжья никто из проживающих там немцев не поставил в известность советские власти, а следовательно, эти сведения были сознательно скрыты от советского народа и советской власти.
>
> Но в случае, если бы в республике немцев Поволжья или в смежных районах были бы произведены диверсионные акты по указке из Германии и пролилась бы кровь, советское правительство, обязано было бы по законам военного времени принять в отношении всего немецкого населения карательные меры.
>
> Во избежание этих нежелательных явлений и с целью воспрепятствовать пролитию крови, Президиум Верховного совета СССР признал необходимым переселить все население немецкой национальности, проживающее в Поволжье, в другие районы, причем предоставить переселенцам участки земли и оказать с целью их обзаведения на новых местах государственную помощь. Для переселения предназначаются богатые земли в районах Новосибирской, Омской областей, Алтайского края, Казахстана и близких к ним мест.
>
> В соответствии с этим Государственному Комитету. Обороны предложено немедленно обеспечить переселение всего немецкого населения Поволжья и предоставить ему пригодные для обработки земли в новых районах поселения.
>
> *Председатель Президиума Верховного Совета СССР М. Калинин Секретарь Президиума Верховного Совета СССР А. Горкин Москва, Кремль, 28 августа 1941.*
>
> Laut genauen Angaben, die die Militärbehörden erhalten haben, befinden sich unter der in den Wolgarayons wohnenden deutschen Bevölkerung Tausende und aber Tausende Diversanten und Spione, die nachdem aus Deutschland gegebenen Signal Explosionen in den von den von den Wolgadeutschen besiedelten Rayons herforrufen sollen. Über das Vorhandensein einer solch großen Anzahl von Diversanten und Spionen unter den Wolgadeutschen hat keiner der Deutschen, die in den Wolgarayons wohnen, die Sowjetbehörden in Kenntnis gesetzt folglich verheimlicht die deutsche Bevölkerung der Wolgarayons die Anwesenheit in ihrer Mitte der Feinde des Sowjetvolkes und der Sowjetmacht.
>
> Falls aber auf Anweisung aus Deutschland die deutschen Diversanten und Spione in der Republik der Wolgadeutschen oder in den angrenzenden Rayons Diversionsakte ausführen werden und Blut vergossen wird, wird die Sowjetregierung laut den Gesetzen der Kriegszeit vor die Notwendigkeit gestellt, Stafmaßnahmen gegenüber der gesamten deutschen Wolgabevölkerung zu ergreifen.
>
> Zwecks Vorbeugung dieser unerwünschten Erscheinungen und um kein ernstes Blutvergießen zuzulassen, hat das Präsidium des Obersten Sowjets der UdSSR es für notwendig gefunden, die gesamte deutsche in den Wolgarayons zu übersiedeln, wobei den übersiedelnden Land zuzuteilen und eine staatliche Hilfe für die Einrichtung in den neuen Rayons zu erweisen ist. Zwecks Ansiedlung sind die Ackerland reichen Rayons des Nowosibirsker und Omsker Gebiets, des Altaigaus, Kasachstans und andere Nachbarortschaften bestimmt.
>
> In Übereinstimmung mit diesem wurde dem Staatlichen Komitee für Landesverteidigung vorgeschlagen, die Übersiedlung der gesamten Wolgadeutschen unverzüglich auszuführen und die übersiedelten Wolgadeutschen mit Land und Nutzländerein in den neuen Rayons sicherzustellen.
>
> Vorsitzender des Präsidiums des Obersten Sowjets der UdSSR M. Kalinin
> *Sekretär des Präsidiums des Obersten Sowjets der UdSSR A. Gorkin*
> *Moskau, Kreml, 28. August 1941*
>
> ## УКАЗ
> **Президиума Верховного Совета СССР**
> **о переселении немцев из районов Поволжья**

Abb. 10
Im Lager erfährt Alois Lang auch von der Deportation seiner wolgadeutschen Landsleute, die durch diesen »Ukaz« (Erlass) vom 28. August 1941 angeordnet wurde.

ten wir uns viel. Keine größere Freude konnte ich ihm machen, als wenn ich ihm vom Leben und Treiben in unserer Klosterschule und vom Leben und den Aufgaben eines Kapuziners erzählte. Dann war er nur noch Aug und Ohr; er strahlte dann vor Freude über das ganze Gesicht. Bei diesen Gesprächen verriet er mir mehrmals, es sei einst auch sein Wunsch gewesen, einmal Priester zu werden. Wenn ich dann zu ihm sagte: ‹Wenn wir mal zu Hause sind, dann laß die Verbindung nicht abbrechen, im Grunde hättest du das rechte Zeug zu einem Kapuziner.› Beschwichtigend kam es dann immer über seine Lippen: »Laß mich erst mal zu Hause sein, dann wollen wir weitersehen!« [77] Später erkrankte dieser Freund jedoch an Malaria und wurde als arbeitsunfähig aus der Gefangenschaft entlassen.[78]

Im Gefangenenlager in Minsk erfuhr Alois Lang auch vom Schicksal seiner wolgadeutschen Landsleute. Darüber wird berichtet: »Unter der Hand hat er sich auf dem Sägewerk in Minsk nach dem Schicksal der Wolgadeutschen erkundigt. Als er die Antwort bekam: ›Alle nach Sibirien‹, war er für einen Tag nicht mehr zu sprechen. In sich versunken betete er den ganzen Tag, bis er sein inneres Gleichgewicht wieder gefunden hatte.[79]

Alois Lang indessen kam nach der Auflösung des Lagers in Minsk im Juni 1947 in das Lager Stalino, wo er in

---

[77] Zitiert nach: Der seltsame Weg des Bruder Urban, in: Heimat im Glauben, April 1967.
[78] Groß, Das Leben des Kapuzinbruders Urban, S. 7.
[79] Brief von P. Aemilian, 11.5.67.

einem Bergwerk arbeiten musste.[80] Darüber berichtet ein Mitgefangener, mit dem er sich dort bald anfreundete: »Die Lagerleitung war russisch, die Stimmung im Lager war nicht schlecht, es drehte sich aber in der Hauptsache alles um das Essen, und wer wohl der nächste Glückliche sei, der nach der Heimat entlassen wird. Das Essen bestand aus 600 gr Brot täglich, einer dünnen Suppe am Morgen, einer dünnen Suppe am Abend, Hirsebrei, Graupen oder Griesbrei, manchmal auch Tomaten. Die Arbeit ging nach Norm. Wir erhielten im Monat 600 Rubel, davon wurden uns 456 Rubel abgezogen für Verpflegung im Lager und Kleidung. Für den Rest konnten wir was kaufen. Alois brachte immer süße kleine Brötchen mit, die er fast alle unter die Kameraden verteilte. Auch seine Rauchwaren hat er immer hergeschenkt, für beides waren genug freudige Abnehmer, die allermeisten Kameraden aber tauschten ihre Rauchwaren für Brot ein.«

Auch darüber, wie vorbildlich sich Alois Lang in diesem Lager verhielt, berichtet dieser Kamerad: »Alois war wirklich eine gute Seele; hatte er was, hatten andere auch was. Er war immer bereit zu helfen. Unsere Arbeit war verschiedener Art, daher sahen wir uns immer erst nach der Arbeit im Lager. Er war Brigadeführer und hatte so 20 Arbeiter unter sich, mit denen er jeden Morgen zur Arbeit ging. Er arbeitete in einem großen Eisenwerk als Maurer... Alois war zu allen Kameraden gleich gut, sie mochten ihn alle und sagten oft: Alois ist ein feiner Kerl und ein Kamerad, wie es nicht viele gibt. Er

---

[80] Brief von Alfred Feuerbacher, 10.9.66.

wurde oft seines unerschütterlichen Glaubens willen gehänselt, aber er wurde nie böse, er lachte höchstens mit, und bald sagte keiner mehr was. Wenn er glaubte allein zu sein, dann war er ganz vertieft in sein Gebetbuch, das er hütete wie seinen Augapfel. Ich glaube, sein Gebetbuch war ihm doch der liebste und beste Kamerad.«[81] Auch diesem Kameraden gegenüber, der – wie angeblich auch er – aus Freiburg kam, musste er seine wahre Identität verschweigen: »Er erzählte mir, er wäre auch in Freiburg zu Hause, er wohne ganz in meiner Nähe und doch kannten wir uns nicht. Auf die Frage, wer denn sein Meister sei und wo er gelernt habe, konnte er mir nicht antworten. Gar bald merkte ich, dass etwas nicht stimmt, aber Alois war ein so wertvoller Mensch, ich wollte ihn nicht weiter fragen und ließ ihn in Ruhe. Ich bemerkte auch, dass er ab und zu Post von Freiburg erhielt, da dachte ich mir, er sei wohl vielleicht ein uneheliches Kind jener Frau, die da schrieb und er schäme sich mir dies zu sagen.«[82] Erst als sich die beiden später in der Freiheit wiedersahen, erfuhr der Freund die Wahrheit, nämlich »wer er in Wirklichkeit war und dass er aus Angst gelogen hätte, obwohl er gerade zu mir das größte Vertrauen gehabt hätte. Das hätte ihn aber bis zur Stunde gedrückt und er könne jetzt erst richtig froh sein; ja so war Alois, ein lauterer Mensch. Alois hat nie über sein Schicksal geklagt. Er legte alles in Gottes Hand.«[83]

---

[81] Brief von Karl Mühlebach, 17.4.67.
[82] Brief von Karl Mühlebach, 15.3.67.
[83] Brief von Karl Mühlebach, 15.3.67.

Die Briefe, die er aus Freiburg erhielt, stammten von der Witwe seines väterlichen Freundes, der ihm eine zweite Heimstatt versprochen hatte. Sie erinnert sich:

»Über 3 Jahre hörten wir nichts mehr von ihm. Durch das Deutsche Rote Kreuz ließen wir ihn suchen. Als angenommener Sohn wurde er in der Kartei geführt. Man machte mich darauf aufmerksam, daß dies für ihn besser wäre, zumal Bruder Urban Wolgadeutscher, aber immerhin beim russischen Heer auch schon in Kriegsdienst gewesen war. Darüber machten wir uns auch immer wieder große Sorgen, doch hofften wir sehr, daß ihn kein gefangener Kamerad verraten würde. Unser Herrgott erhörte unser Gebet, es war wie ein Wunder.

1948 erhielten wir von Bruder Urban durch das Deutsche Rote Kreuz wieder ein Lebenszeichen. Zu jener Zeit ging es ihm in der Gefangenschaft schon wieder besser. Er durfte wieder schreiben. Die Russen wollten Bruder Urban sein schweres Los in der Gefangenschaft insofern erleichtern, denn sie boten ihm besseres Essen und Trinken an. Aber Bruder Urban wollte nichts für sich allein, sondern alles für seine gefangenen Kameraden. Durch seine Tüchtigkeit und Fleiß stand er bei den Russen in hohem Ansehen.

Im Juni 1949 bekamen wir aus dem Heimkehrerlager in Tuttlingen/Wttbg. ein Telegramm, Bruder Urban werde aus der russischen Gefangenschaft entlassen und sei schon bereits auf dem Weg zu uns nach Freiburg. Wir hatten für ihn (schon vorher) eine Arbeitsstelle gesucht, und zwar in einem hiesigen Baugeschäft...«[84]

---

[84] Brief von Maria Bader, 23.10.65.

In Freiburg
(1949/50)

So kam Alois Lang im Sommer 1949 aus der russischen Kriegsgefangenschaft nach Freiburg.

Im Juni 1949 erhielt die Familie Bader ein Telegramm aus dem Heimkehrerlager in Tuttlingen, dass Alois Lang aus der russischen Gefangenschaft entlassen und auf dem Weg zu ihnen nach Freiburg sei. Frau Bader besorgte ihm auch einen Arbeitsplatz, als Maurer in einem Baugeschäft, wo er bald sehr beliebt war, bei seinem Chef wie bei seinen Kollegen. Jeden Morgen, bevor er mit dem Fahrrad zur Arbeit fuhr, besuchte er die Heilige Messe und empfing die hl. Kommunion.[85] Das bedeutete, dass er um 5 Uhr in der Frühe aufstehen und angesichts der damaligen Nüchternheitsbestimmungen auf das Frühstück verzichten musste. Pünktlich um 7 Uhr erschien er dann auf der Arbeitsstelle. Wenn er gegen 17.00 Uhr nach Hause kam, aß er zu Abend und bot dann dort seine Hilfe an. In seinem Zimmer sang er anschließend ein religiöses Lied und verbrachte am Abend nochmals etwa eineinhalb Stunden in der Kirche, auch wenn keine Andachten stattfanden, wie im Mai oder im Oktober. Die Sonntage waren für ihn wirkliche Tage des Herrn, die er größtenteils im Gotteshaus verbrachte. Er besuchte bereits um 6 Uhr morgens die Frühmesse und dann das Hochamt,

---

[85] Brief von Maria Bader, 23.10.65.

Abb. 11
Alois Lang nach der Rückkehr aus der Gefangenschaft 1949 in Freiburg i. B.

kam dabei oft nicht einmal zum Frühstück nach Hause zurück. Auch nach dem Mittagessen ging er gegen 14.00 Uhr wieder in die Kirche, sang dann in seinem Zimmer religiöse Lieder und ging abends nochmals zur Kirche. Frau Bader, die Witwe seines Kriegskameraden, die ihn in Freiburg aufgenommen hatte und die er »Mutter« nannte, schreibt über ihn: »Ja, er kannte nichts anderes als den Heiland und die liebe Gottesmutter. Ich muss gestehen: Er war schon fromm, sehr fromm; ich glaube nicht, dass es einen frömmeren Menschen gegeben hat als ihn. Sein Leben war nur beten. Ja, er war schon ein Heiliger auf dieser Welt.«[86]

Da er sich in der Gaststätte der Familie, die ihn aufgenommen hatte, nicht wohl fühlte, besuchte er an Sonn- und Feiertagen häufig auch seinen ebenfalls in Freiburg lebenden Kriegskameraden Karl Mühlebach und dessen Familie. Dabei machten sie auch oft Ausflüge in die Umgebung und »Alois genoss diese Wunder der Natur ganz besonders, er sah alles mit anderen Augen. Er war ein so fröhlicher, von innen heraus sonniger Mensch, er konnte herzlich lachen, es tat einem so gut! Gerade er, der ein so schweres Schicksal hatte, er konnte andere froh machen...«[87]

Der Pfarrer der Herz-Jesu-Pfarrei, Dr. König, erinnert sich, dass ihm ein junger Arbeiter aufgefallen sei, der täglich die 6-Uhr-Messe besuchte und kommunizierte. Daraufhin habe

---

[86] Aufzeichnungen von Frau Bader, Freiburg.
[87] Brief von Karl Mühlebach, 15.3.67.

Abb. 12
Alois Lang nach der Rückkehr aus der Gefangenschaft 1949 in Freiburg i. B., zusammen mit seinem Kameraden Karl Mühlebach.

er ihn angesprochen und ins Pfarrhaus eingeladen. Der junge Mann, es handelte sich um unseren Alois Lang, habe ihm dann von seinem Wunsch berichtet, ins Kloster einzutreten und ihn um Hilfe dabei gebeten. Er wollte unbedingt Kapuziner werden.[88] In dem von ihm daraufhin ausgestellten Sittenzeugnis heißt es: »Über Alois Lang kann ich nur Gutes berichten. Nach meinen Beobachtungen wohnt er fast täglich der hl. Messe bei. Sonntags gewöhnlich zwei hl. Messen... Seine Aussagen machen mir den Eindruck höchster Glaubwürdigkeit. An seinem Klosterberuf habe ich nicht zu zweifeln, umsoweniger als dieses Vorhaben bei seinen derzeitigen Hausleuten keinerlei Unterstützung findet... Alois Lang möchte in den Kapuzinerorden eintreten. Wir unterstützen sein Vorhaben sehr.«[89]

Doch so einfach war es nicht, in eine Ordensgemeinschaft aufgenommen zu werden, zumal wenn man wie Alois Lang keine »ordentlichen« Papiere vorlegen konnte, so z. B. auch keinen Taufschein. Gerade in jener Zeit kam es nicht selten vor, dass jemand ohne rechte Papiere kam, es sich den Winter über im Kloster gemütlich machte und, wenn es wärmer wurde, wieder verschwand. Daher ist es verständlich, dass der Provinzial zunächst seine Aufnahme ablehnte.[90] Doch Alois hatte einen guten Fürsprecher, jenen Kame-

---

[88] Brief von Pfr. Dr. König v. 26.09.66.
[89] Pfr. Dr. H. König, Pfarramt Herz-Jesu, Freiburg i.B., 3.2.(1950); Alois Lang dahier betr. Sittenzeugnis.
[90] Groß, S. 8.

raden, den er im Gefangenenlager in Minsk kennen gelernt hatte, der Kapuziner werden wollte und in ihm den gleichen Wunsch erweckt hatte. Inzwischen war dieser Albert Wörner der Kapuzinerpater Aemilian, und dieser versicherte dem Provinzial immer wieder, dass sein Kamerad aus der Kriegsgefangenschaft sicher einmal ein guter Kapuziner werden würde.[91] Nur aufgrund des ständigen Drängens von P. Aemilian wurde Alois Lang schließlich in den Kapuzinerorden aufgenommen.[92]

Sein Entschluss, ins Kloster einzutreten, stieß nicht überall auf so viel Verständnis wie bei seinem Kriegskameraden Fritz Wirth, dem er bei einem Spaziergang am Muttertag 1950 erklärte: »Fritz, ich muss dir heute etwas gestehen: Als ich noch in Russland war, der Tod täglich auf uns lauerte und große Gefahr, wieder in russische Hände zu fallen, bestand, da gelobte ich unserem Herrgott, ich werde ihm mein Leben weihen, wenn er mich beschütze und die Schrecken des Krieges überleben lasse. So habe ich mich entschlossen, in ein Kloster zu gehen, um Gott zu dienen, ich gehe nach Stühlingen ins Kapuzinerkloster.«[93]

Bei den Arbeitskollegen, bei denen er sehr beliebt war, aber auch in seiner sonstigen Umgebung, stieß sein Wunsch, ins Kloster einzutreten, auf Unverständnis. Es müssen damals

---

[91] Groß, S. 8.
[92] Br. Kasimir in einem Interview mit P. Amatus über Br. Urban.
[93] Brief von Fritz Wirth, 21.1.1967. Wirth nennt für diese Mitteilung irrtümlich das Jahr 1951.

viele Kräfte zusammengewirkt haben, um ihm das Klosterleben zu verleiden, so dass er bald nicht mehr ein noch aus wusste.[94] So wurde Alois noch einmal schwankend, fragte sich, ob es nicht undankbar gegenüber seiner Gastfamilie, gegenüber dem Arbeitgeber und den Kollegen sei. Darüber berichtet Pfarrer Hermann König: »Als alles soweit mit dem Eintritt ins Kloster geregelt war, erschien er eines Tages ganz verdreht bei mir. Er hat an der Baustelle Abschied gefeiert. Die Kameraden hätten ihm derart zugesetzt, hielten ihm Undankbarkeit gegen seinen Arbeitgeber vor, auch gegen die Familie Bader, zudem sei eine andere Zeit, wo man nicht mehr ins Kloster ginge... Man hatte ihn irgendwie mürbe gemacht, ziemlich ratlos kam er zu mir.

Ich fragte ihn, ob er unklar in seinem Vorhaben geworden sei. Das nicht, aber so und so hätten die Kameraden zu ihm gesagt. Wie ich merkte, daß er ins Kloster will, daß das Vorhaben ihm nur durch andere verleitet worden war, fing ich fast zu diktieren an und sagte: Er brauche auf andere keine Rücksicht zu nehmen, er sollte seinen eigenen Weg gehen. Ich sagte ihm noch, wenn die Schikanen anhalten, dann gehen Sie einfach früher weg. Ich war darüber ungehalten, daß man einen Klosterberuf so austreiben wollte. Je energischer ich auf ihn einredete und ihm zuredete, um so mehr fingen seine Augen zu leuchten an, um so mehr erkannte er: das ist mein Beruf!«[95]

---

[94] Brief von Pfr. Dr. König, 26.09.66.
[95] Aufzeichnungen von Pfarrer Dr. Hermann König, o. D.

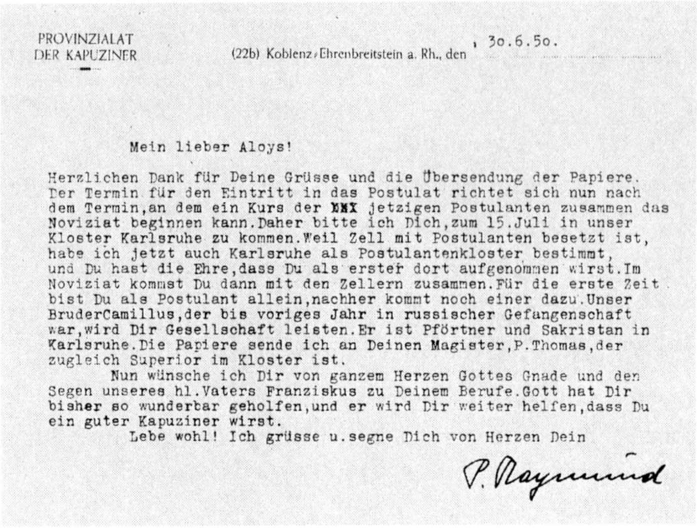

```
PROVINZIALAT
DER KAPUZINER                (22b) Koblenz/Ehrenbreitstein a. Rh., den    , 30.6.50.
```

Mein lieber Aloys!

Herzlichen Dank für Deine Grüsse und die Übersendung der Papiere.
Der Termin für den Eintritt in das Postulat richtet sich nun nach
dem Termin, an dem ein Kurs der XXX jetzigen Postulanten zusammen das
Noviziat beginnen kann. Daher bitte ich Dich, zum 15. Juli in unser
Kloster Karlsruhe zu kommen. Weil Zell mit Postulanten besetzt ist,
habe ich jetzt auch Karlsruhe als Postulantenkloster bestimmt,
und Du hast die Ehre, dass Du als erster dort aufgenommen wirst. Im
Noviziat kommst Du dann mit den Zellern zusammen. Für die erste Zeit
bist Du als Postulant allein, nachher kommt noch einer dazu. Unser
BruderCamillus, der bis voriges Jahr in russischer Gefangenschaft
war, wird Dir Gesellschaft leisten. Er ist Pförtner und Sakristan in
Karlsruhe. Die Papiere sende ich an Deinen Magister, P. Thomas, der
zugleich Superior im Kloster ist.

Nun wünsche ich Dir von ganzem Herzen Gottes Gnade und den
Segen unseres hl. Vaters Franziskus zu Deinem Berufe. Gott hat Dir
bisher so wunderbar geholfen, und er wird Dir weiter helfen, dass Du
ein guter Kapuziner wirst.

Lebe wohl! Ich grüsse u. segne Dich von Herzen Dein

P. Raymund

Abb. 13
Schreiben des Provinzials P. Raymund, in dem Alois Lang seine Aufnahme als Postulant zum 15. Juli 1950 in Karlsruhe mitgeteilt wird.

Auch seinem Freund Karl Mühlebach gegenüber äußerte er in letzter Minute seine Bedenken, ob ein Eintritt ins Kloster nicht Undankbarkeit gegenüber »Mutter« und seinem Arbeitgeber bedeute. Auf dessen Rat, er müsse das tun, was sein Herz ihm sagt, antwortete er: Hab Dank, Karl, nun ist mir leicht, jetzt kenne ich meinen Weg.«[96]

Eine sicherlich sehr schwierige Entscheidung für Alois Lang war es, seinen lang gehegten Priesterwunsch aufzugeben und als Laienbruder in den Orden einzutreten. Aber schließlich war er damals schon 32 Jahre alt und verfügte nicht über die notwendige Schulbildung, um gleich ein Theologiestudium aufnehmen zu können.

Am 13. Mai informierte ihn P. Raymund, der Provinzial der Rheinischen Kapuzinerprovinz, nachdem ihm Alois seine Entscheidung zugunsten der Laienbruderschaft mitgeteilt hatte: »Du hast die Berufsfrage nun gründlich überlegt. Ich glaube auch, dass es so gut ist. Das Studieren wäre sehr schwierig für Dich, und Du würdest noch viele Jahre brauchen. So aber kannst Du in einem guten halben Jahre schon ins Noviziat nach Stühlingen kommen.«[97] Die halbjährige Postulatszeit sollte er zunächst im Kloster Zell am Hamersbach (Schwarzwald) absolvieren; doch dann wurde ihm mitgeteilt, er solle sich am 15. Juli im Kapuzinerkloster Karlsruhe ein-

---

[96] Brief von Karl Mühlebach, 15.03.1967.
[97] Schreiben des Provinzials P. Raymund v. 13.05.50.

finden: »Weil Zell mit Postulanten besetzt ist«, schreibt ihm P. Raymund, »habe ich jetzt auch Karlsruhe als Postulantenkloster bestimmt, und Du hast die Ehre, dass Du als erster dort aufgenommen wirst. Im Noviziat kommst Du dann mit den Zellern zusammen.« Der warmherzige Brief des P. Provinzial endet: »Nun wünsche ich Dir von ganzem Herzen Gottes Gnade und den Segen unseres hl. Vaters Franziskus zu Deinem Berufe. Gott hat Dir bisher so wunderbar geholfen, und er wird Dir weiter helfen, dass Du ein guter Kapuziner wirst.«

Im Kloster
(1950-1965)

Postulat und Noviziat

So absolvierte Alois Lang sein Postulat im Kapuzinerkloster Karlsruhe. Einen Monat vor dem Ablauf des halbjährigen Postulats schrieb sein Magister P. Thomas, zugleich Superior des Klosters, in seinem »Gutachten über den Postulanten Alois Lang« Folgendes: »Alois ist ein Postulant, wie man ihn sich wünscht, wenigstens in einem solchen Alter. Der Ordensberuf ist ihm wirklich Herzenssache. Alois versteht es, viel und gut zu beten. Er hat ein reiches Gemütsleben, verbindet damit aber auch eine kernige und männliche Festigkeit und Zielstrebigkeit. Er ist in seinem psychischen Leben durchaus gesund und normal entwickelt, was an ihm so wohltuend ist. Alois ist sehr arbeitsam und durchaus zuverlässig, er ist willig und zuvorkommend. Er sieht, wo etwas zu tun ist, und hat eine sehr geschickte Hand, die Dinge anzufassen. Dabei ist er aber nicht aufdringlich oder anmaßend. Er bringt eine natürliche und edle Erziehung und Charakterbildung mit. Man kann ihn im ganzen nur loben. Er ist deshalb auch von allen Angehörigen des Hauses sehr geschätzt. Alois verspricht ein vorzüglicher Kapuziner zu werden.«[98]

---

[98] Gutachten über den Postulanten Alois Lang, 27.12.50.

Am 1. Februar 1951 wurde er dann im Noviziatskloster der Rheinisch-Westfälischen Ordensprovinz der Kapuziner in Stühlingen als Novize Bruder Urban eingekleidet. Nach dem einjährigen Noviziat erfolgte am 2. Februar 1952 die Profess, d. h. die Ablegung der ersten Gelübde, die zunächst nur für drei Jahre gelten. Pfarrer Dr. König, der der Einladung zur Profess gefolgt war, berichtet darüber später: »Alois hat mit einer Freude die Gelübde abgelegt und dies mit einer starken Stimme. Man merkte, jetzt ist er am Ziel. Bruder Urban ging mit mir am Nachmittag noch spazieren, bis zum Abgang des Zuges. Er war ungemein glücklich. Man erlebt selten eine so edle Freude, weil kein anderer Beigeschmack damit vermischt ist. Ich habe bis jetzt nur zweimal eine edle, reine Freude erlebt, bei einem Mädchen am Tage ihrer Erstkommunion, dann hier diese männlich starke Freude.«[99] In einem anderen Brief beschreibt der Pfarrer den Gemütszustand von Bruder Urban am Tage seiner Profess: »Es war ein ganz selbstloses Deo gratias und ein stilles Staunen, wie ich vermute, über die Wege des Herrn«.[100]

Normalerweise wird man nach dem Noviziat in ein anderes Kloster der Provinz zur Übernahme irgendeiner Aufgabe versetzt. Die Rheinisch-Westfälische Kapuzinerprovinz, die ganz Deutschland mit Ausnahme Bayerns umfasst, hatte damals sechsundzwanzig Klöster, es hätte also viele Möglichkeiten gegeben. Außerdem wäre eine Entsendung in eines

---

[99] Aufzeichnungen von Pfr. Dr. H. König.
[100] Pfr. König, 26.09.66.

der vielen Missionsgebiete der Kapuziner möglich gewesen, wo gerade für gelernte Maurer wie Br. Urban großer Bedarf bestand. Die Rheinisch-Westfälische Kapuzinerprovinz hatte damals gerade eine neue Mission in Sumatra auf der Insel Nias übernommen.[101]

Br. Urban meldete sich für diese Aufgabe, aber die Provinzleitung lehnte dies ab. Der Provinzial P. Theoderich war der Meinung, dass Br. Urban mit seiner asketischen Art dort nicht am rechten Platz wäre und ihn aufgefordert, darauf zu verzichten.[102]

Obwohl es ihm nicht leicht fiel, leistete er diesen Verzicht geduldig und lächelnd, indem er sagte: »Wie Gott will!«[103]

Die Gründe, die die Oberen veranlassten, Bruder Urban auf Dauer im Noviziatskloster in Stühlingen zu belassen, werden verständlicher, wenn man in den Satzungen der Kapuziner liest: »In das Noviziatskloster sollen die Oberen nur solche Religiösen versetzen, die durch ihren Eifer für klösterliche Zucht anderen zum Vorbild dienen können.« Insofern lag es nahe, Br. Urban auch nach seiner eigenen Noviziatszeit im Noviziatskloster zu lassen, als Vorbild für die Novizen.[104]

---

[101] Groß, S. 10.
[102] Br. Kasimir im Interview mit P. Amatus.
[103] Br. Stanislaus, Erinnerungen an Br. Urban.
[104] Groß, S. 10.

Abb. 14
Maria-Loreto-Kirche der Kapuziner in Stühlingen

Als Koch

Für einen Maurer war aber in Stühlingen kein Bedarf, also wurde er dort eingesetzt, wo es gerade fehlte, und zwar zunächst in der Küche. Der Koch war gerade erkrankt und man suchte jemanden, der ihn aushilfsweise vertreten könnte. Bruder Urban meldete sich zaghaft und bescheiden, dass er es versuchen könnte. Dabei kam ihm wohl seine Erfahrung als Gehilfe des Kochs Bader während des Krieges zugute, jedenfalls stellte sich heraus, dass er ausgezeichnet kochen konnte. Alle staunten, denn es schmeckte bei ihm besser als beim vorherigen Koch. Die Mitbrüder waren des Lobes voll über das schmackhafte Essen, das er zubereitete, und so blieb er zehn Jahre lang, bis zu seinem Tode, Koch im Kloster Stühlingen. In dieser Funktion musste er nicht nur für die mehr als 30 Patres und Brüder des Klosters kochen, sondern auch für die Obdachlosen, die häufig an die Pforte kamen und um Essen baten.[105] Bald war weit und breit bekannt, das es bei den Kapuzinern das beste Essen für die Landstreicher gab, und sie kamen scharenweise. Die Herberge, die für sie im Kloster anfangs noch betrieben wurde, musste dann schließen, weil zu viele kamen.[106] Durch seine Ruhe und Ausgeglichenheit sorgte er dafür, dass in der Küche auch dann keine Hektik aufkam, wenn besonders viel Betrieb war, z. B. bei Professfeiern. »Da hat er sein Lichtchen an der Muttergottes

---

[105] Bruder Urban Lang. Ein Diener aller, S. 21; Groß, S. 11; Br. Kasimir im Interview mit P. Amatus.
[106] Br. Kasimir im Interview mit P. Amatus.

Abb. 15
Br. Urban mit Kaffeekanne, 1961

angesteckt und dann konnte kommen, was wollte, er ließ sich nie aus der Ruhe bringen. Er konnte wohl mal sagen: Heute wären mir beinahe die Nerven durchgegangen. Aber nichts dergleichen geschah. Und alles war zu den Mahlzeiten gut vorbereitet und eingeteilt.«[107]

Er war nicht nur darauf bedacht, immer gut zu kochen, sondern war dabei immer auch sehr sparsam. Häufig forderte er seine Mitbrüder auf, sie sollten ihm Vorschläge machen, was er kochen sollte, und ging dann auch immer auf ihre Vorschläge ein. Er verwendete seine ganze Sorgfalt und Liebe aufs Kochen und so freuten sich alle im Kloster jedesmal auf das Essen, so gut und abwechslungsreich kochte Br. Urban.[108]

Auch bei der Küchenarbeit blieb noch Platz für das Gebet. Wie ein Mitbruder berichtet, liebte er besonders das Rosenkranzgebet, und jeden Tag beteten sie in der Küche beim Abspülen ein Gesetzchen vom Rosenkranz. »Zögerte man etwas mit dem Vorbeten, dann teilte er sofort eine Rüge aus. Das Schwätzen konnte er nicht leiden. Er war immer darauf bedacht, dass der Geist der Andacht nicht ausgelöscht wurde... Zu meiner Zeit, von 1953 bis 1957, stand in der Küche eine Muttergottesstatue, nach dem Abbild von Lourdes. Diese schmückte er leidenschaftlich gerne mit Blumen.«[109] Und ein anderer Mitbruder berichtet: »Oftmals sangen wir in

---

[107] Br. Kasimir im Interview mit P. Amatus.
[108] Mitbr. Alois über Br. Urban.
[109] Br. Stanislaus, Erinnerungen an Br. Urban.

der Küche ein Marienlied um das andere. Keiner schloss sich da aus. Er hatte eine schöne Stimme. Das kann man nicht beschreiben, wie schön das war.« [110]

---

[110] Mitbr. Alois über Br. Urban.

Als Pförtner

Zusätzlich zu diesem Amt wurde er dann noch zum Pförtner bestimmt und blieb dies vier Jahre lang. Die Arbeit an der Klosterpforte war sehr wichtig, es mussten nicht nur gewissenhaft die bestellten Messen eingetragen oder der jeweils gewünschte Pater ins Sprechzimmer geholt werden, auch gegenüber den Geldbettlern, die abgewiesen wurden und daher zu schimpfen begannen, musste man immer freundlich bleiben.[111] Gerade dafür war Br. Urban mit seiner natürlichen Freundlichkeit und seinem gewinnenden Lächeln besonders geeignet. Auch wenn er den Landstreichern ohne besondere Einwilligung des Guardians (Oberer im Kloster) kein Geld geben durfte, so gab er ihnen immer etwas zu essen, und zwar stets das Beste, das er hatte.[112] »Nichts war ihm zuviel. Immer bereit für alle und für alles, was da kam. Jedem wollte er helfen und gut sein«, so beschreibt ein Mitbruder seine Haltung an der Pforte gegenüber den Armen und den Gästen.[113] Fremde hat er an der Pforte immer sehr herzlich empfangen und erkundigte sich nach ihrem Ergehen, auch nach den Lieben zu Hause. »Er konnte da wie eine Mutter sein«.[114]

Was für eine Wirkung Br. Urban als Pförtner ausstrahlte, geht aus einem Bericht eines späteren Mitbruders über die Zeit vor seinem Eintritt ins Kloster hervor: »Ich ging öfters an

---

[111] Groß, S. 11.
[112] Br. Kasimir im Interview mit P. Amatus.
[113] Brief von Br. Philemon, 22.4.66.

Abb. 16
Br. Urban im Freien (im Schnee)

die Pforte. Br. Urban war dann meistens da. Er sprach nicht viel. Er fragte mich nur ›Wie geht's?‹. Das hat mir gereicht. Er lächelte dann immer dabei.«[115]

Eine Lehrerin berichtet: »Mein Mann und ich gingen gewöhnlich im Stühlinger Klösterle zum Beichten. Dadurch trafen wir Bruder Urban öfter, der zur damaligen Zeit Pförtner war. Als sympathischste und hervorstechendste Eigenart fiel uns vom ersten Augenblick an sein herzliches und gewinnendes Lächeln auf, das bei näherem Zusehen nur Ausdruck einer wahren Menschfreundlichkeit und Herzensgüte war. So ergab es sich von selbst, dass wir diesem zuhörenden und verstehenden Menschen unsere Nöte anvertrauten.« Als diese Frau dann an einer schweren Krankheit erkrankte und diese wie durch ein Wunder allen Prognosen zum Trotz überlebte, war sie davon überzeugt, dass dies nicht zuletzt Br. Urbans Gebet zu verdanken war, um das ihn ihr Mann gebeten hatte.[116]

---

[114] Mitbr. Alois über Br. Urban, Sept. 66.
[115] Mitbr. Alois über Br. Urban.
[116] Brief von Agnes Müller aus Santiago de Chile, 24. August 1967.

Als Kollektenbruder

Nach vier Jahren übertrug man ihm anstelle des Pförtneramtes das eines »Kollektenbruders«. Da die Kapuziner auch auf freiwillige Gaben angewiesen waren, hatte sich in vielen Klöstern der Brauch herausgebildet, den man »auf Kollekte Gehen« nennt: Nach vorheriger Anmeldung durch den Ortspfarrer besucht ein Kapuziner die Gläubigen, die ihm Geld oder Lebensmittel geben. In dieser Funktion konnte Bruder Urban, dessen Wunsch Priester zu werden nicht in Erfüllung gegangen war, doch auch Seelsorger sein, denn die Leute vertrauten sich ihm oft an und baten nicht nur um das Gebet für sie, sondern auch um einen guten Rat. Er erfüllte diese neue Aufgabe gerne, bis zu seinem Tod. Er mochte diese Tätigkeit vor allem, weil er sah, dass er damit den Menschen helfen konnte. Ein Mitbruder berichtet: »Er ist auch überall gut aufgenommen worden. Die Leute haben gemerkt, dass Bruder Urban etwas Besonderes ist... Bruder Urban hat die Verhältnisse all der Leute gekannt. Wenn er ein paar Mal auf Kollekte war, wusste er ganz genau, was die und die Leute für ein Leid haben. Mit seinem gewinnenden Lächeln hat er das ganze Vertrauen der Leute gehabt, und sie haben ihm alles gesagt. Das hat er heimgetragen und hat gebetet, und die Leute haben gemerkt, dass es ihnen irgendwie hilft. So ist das Vertrauen immer größer geworden und das Verhältnis wurde immer besser.«[117]

---

[117] Br. Kasimir im Interview mit P. Amatus.

Aus dem Bericht eines jungen Mannes erfahren wir, wie Br. Urban als Kollektenbruder wirkte:»...Alois Lang lernte ich als Kollektenbruder kennen. Damals kam er alljährlich in mein Heimatdorf, um Kartoffeln und sonstige Lebensmittel zu sammeln. Uns Knaben machte es das größte Vergnügen, den Kapuzinerbruder begleiten und unterstützen zu dürfen. Dabei unterhielt er uns so glänzend, dass uns sein Abschied jedesmal schwerfiel. Er versäumte es dabei nie, uns einen Rosenkranz zu schenken... er erteilte uns auch Ratschläge, wie man beten soll, dass man oft die heilige Messe besuchen und besonders die Marienverehrung pflegen soll...

Alois Lang war ein Mann, der sich stets für seine Mitmenschen mit seiner ganzen Kraft einsetzte. Ich glaube dies mit gutem Gewissen sagen zu können, denn ich kenne ihn aus der nächsten Nähe. Jedesmal, wenn ich Urlaub hatte, besuchte ich ihn in seinem Kloster. Meist diskutierten wir über Probleme des Lebens, über Schul- und Lebensfragen, oft auch Glaubensfragen. Nie ging ich unzufrieden von ihm weg...

Was mich an ihm aber am meisten beeindruckte, war sein Umgang mit den Leuten überhaupt. ...Seine Wärme und sein tiefer Glaube mussten jeden mitreißen, der einmal mit ihm in Verbindung stand. Was ihn bei den anderen sofort sympathisch machte, bewirkte seine Hinwendung zu jedem, und er behandelte diese nicht als Stiefkinder, sondern er versuchte unverzüglich sich mit dem einzelnen vertraut zu machen. Jeder, der ihn kannte, redete von ihm nur mit Hochachtung, was sich nach seinem Tod keineswegs geändert hat, sondern noch vielmehr zum Ausdruck kommt, wenn man sich zu seiner Gruft begibt, die sich von den anderen deutlich

Abb. 17
Br. Urban lächelnd, mit Hand auf dem Herzen

abhebt durch den reichen Schmuck mit Blumen und Kerzen. Und ist das nicht Ausdruck genug für seine Beliebtheit und das Weiterleben in der Erinnerung der Menschen.«[118]

Dabei war es alles andere als eine leichte Tätigkeit, bei Wind und Wetter zu Fuß die Dörfer zu besuchen. Aber Br. Urban schonte sich nicht. So marschierte er einmal im strömenden Regen eine Stunde lang nach Mauchen zur Kollekte, um dort – durch und durch nass – den ganzen Tag lang zu kollektieren. »Der Tag war dafür angesetzt«, berichtet ein Mitbruder, »darum war er gegangen. Und war schon morgens früh über alle Berge. Das tat er mit Freuden, weil es der Gehorsam so angeordnet hatte. Der damalige P. Guardian hätte es sicher nicht erlaubt, wäre er nicht schon weg gewesen.«[119] Nur widerwillig ließ er sich in einem Fall vom P. Guardian dazu bewegen, mit dem Zug zu fahren.[120] Sich mit dem Auto irgendwohin bringen zu lassen, lehnte er ab; dies passe nicht zu einem Kollektenbruder. Nur einmal machte er eine Ausnahme und ließ sich von einem Pater zu einem entlegenen Dorf bringen. Der Grund dafür war, dass er sonst mit dem Fahrrad so früh das Kloster hätte verlassen müssen, dass er noch keine hl. Messe gehabt hätte. Nur deshalb ließ er sich fahren.[121] Um die tägliche hl. Messe nicht zu versäumen, war ihm nichts zuviel. So fuhr er, wenn er an einem Ort auf Kollekte war und feststellen musste, dass dort keine hl. Messe

---

[118] Brief von Hans-Peter Hogg v. 18.1.67.
[119] Br. Kasimir im Interview mit P. Amatus.
[120] P. Amatus in dem Interview.
[121] Br. Kasimir im Interview mit P. Amatus.

stattfand, trotz des anstrengenden Tages abends auf dem Fahrrad ins Kloster und morgens nach der Frühmesse wieder zurück.[122]

Der damalige Bruder Pförtner berichtet, dass Br. Urban eines Tages bei strömendem Regen losging, um an der nahegelegenen Schweizer Grenze das kleine Grenzkontingent (Beitrag) des Klosters zu holen. Auf die Frage, ob er denn so – ohne Schirm – gehen wolle, antwortete Br. Urban: »Der Heiland hat auch keinen Schirm gehabt.« So ging er ohne Schirm und kam, während es weiter regnete, nach einer dreiviertel Stunde völlig trocken wieder zurück. Der Br. Pförtner, der ihn weggehen sah und wieder hereinließ, hat ihn später wiederholt auf dieses »Regenwunder« angesprochen und beschreibt seine Reaktion: »Sooft ich darauf zu sprechen kam, hat er, wie gesagt, nur immer dazu gelächelt, aber nie gesagt, dass es nicht wahr ist.«[123]

Wie sehr ihn diese anstrengende Tätigkeit mitnahm, geht aus einem seiner Briefe hervor. Er schreibt: *Mich hätte es letzte Woche beinahe zum Abschluß der Kollekte umgehauen, aber ich sag halt immer: Unkraut verdirbt nicht. Nun was Du mich fragst mit der Umstellung... Anfangs ging es mir ähnlich, wie Du schreibst, dass ich mich immer auf die Ruhe, besser gesagt auf die klösterliche Atmosphäre freute, und da merkte ich fast jedesmal bei meiner Rückkehr, wie sehr meine Nerven abgedroschen waren.*

---

[122] Br. Kasimir im Interview mit P. Amatus.
[123] Br. Kasimir im Interview mit P. Amatus.

Und ich hatte oft große Mühe, bei den kleinsten Widerwärtigkeiten ruhig zu bleiben. Das machte mir oft viel Sorgen. Heute geht es mir ein wenig besser, doch ich glaube, es würde mir auch heute noch nicht gelingen, wenn nicht immer mein erster Gang zum Heiland im Tabernakel wäre. Erst nachdem ich dort ein wenig Kraft geholt habe, werde ich einigermaßen fertig mit all dem, was dann gleich auf mich einstürmt. Mit den verschiedenen Situationen, die sich so auf der Kollekte bieten, versuche ich zu vergessen, wenn ich es einigermaßen verdaut habe.[124]

Was für einen tiefen Eindruck er bei den Menschen hinterlassen hat, die er als Kollektenbruder aufsuchte, stellte sein Nachfolger fest, der berichtet: »Als ich die Aufgabe übernehmen durfte, kam ich mir sehr klein vor. Wo ich hinkam, fragten mich die Leute: ›Wo ist denn Br. Urban?‹ Ich musste ihnen sagen: ›Er ist tot.‹ Dann erlebte ich es immer wieder, dass die Bäuerinnen oder auch die Bauern in Tränen ausbrachen.«[125]

Ein anderer Mitbruder berichtet in einem Brief vom August 1995, dass noch damals, also 30 Jahre nach dem Tod von Bruder Urban, immer wieder Menschen aus der Umgebung kämen und davon erzählten, wie er auf seinen Kollektengängen seelsorglich wirkte und einen solch tiefen Eindruck hinterließ, dass dies für die Leute unvergesslich blieb.[126]

---

[124] Br. Urban, Brief an Br. Josef.
[125] Groß, S. 12.
[126] Groß, S. 13.

Abb. 18
Br. Urban (Brustbild)

Als Meisterbruder

Angesichts seiner wahrhaft vorbildlichen kapuzinischen Haltung verwundert es nicht, dass ihm das Amt des »Meisterbruders« übertragen wurde, d. h. die Postulanten und Novizen seiner Obhut unterstellt wurden. Seine Geduld und Nächstenliebe prädestinierten ihn geradezu für diese Aufgabe. Dabei war es ihm in seiner Demut geradezu peinlich, wenn einer ihn mal mit »Brudermeister« anredete. »Lassen wir das«, sagte er dann, »wir sind doch Brüder untereinander«.[127] In der Zusammenarbeit war er einfach großartig: »Nicht die leiseste Spur, dass er kommandiert hätte, im Gegenteil, er übernahm immer die schwerste Arbeit«, schildert ein Mitbruder.[128]

Das galt nicht nur für die Arbeit, sondern auch für die Erholung. Fehlte z. B. während der Rekreation (Erholung) im Brüderzimmer etwas, wie der Zucker oder ein Löffelchen, »dann war er es immer, der das Fehlende holte. Er wollte eben der Diener aller sein«.[129]

Auch und gerade diejenigen ehemaligen Novizen, die später aus gesundheitlichen oder anderen Gründen wieder aus dem Orden ausgetreten sind, äußerten sich über Br. Urban nur positiv. »Ich darf heute sagen, dass Bruder Urban mein bester und einziger Berater in diesem Jahr war, und ihm offenbarte ich auch das, was mich bedrückte oder was

---

[127] Mitbr. Alois über Br. Urban.
[128] Mitbr. Alois über Br. Urban.
[129] Mitbr. Alois über Br. Urban.

mir Schwiergkeiten bereitete. Er hatte jederzeit ein offenes Ohr für mich wie für die anderen. Soweit ich beobachten konnte, war Bruder Urban zu allen, die mit ihm in Berührung kamen, freundlich und zurückhaltend. Hervorheben möchte ich seine große Demut... Nie nahm ich wahr, daß Bruder Urban jemand verletzt, gekränkt, verachtet oder herabgesetzt hätte... Betrachten Sie es bitte nicht als Sentimentalität, wenn ich Ihnen sage, daß Bruder Urban für mich der einzige Mensch in meinem Leben war, von dessen ehrlichem und aufrichtigem Wesen ich restlos überzeugt war.«[130]

Ein anderer ehemaliger Novize schreibt: »Von allen Mitbrüdern ist er mir in besonders guter und lieber Erinnerung geblieben, weil er in meinen Augen das Kapuzinerideal in ganz besonderer Weise verkörperte... Seine Hilfsbereitschaft und Bescheidenheit waren geradezu hervorstechende Merkmale... Bei allem, was er tat, war nie etwas Auffälliges oder Außergewöhnliches, so als wollte er sich nicht in irgendetwas besonders hervortun. Aber wie er es tat und mit welch innerer Teilnahme er dabei war, das weckte Bewunderung und regte zur Nachahmung an... An ihm war kein Fehler zu finden.«[131] Gerade auch die, die das Kloster verlassen mussten, sahen Br. Urban nicht nur als vorbildlichen Menschen und Kapuziner, sondern als Heiligen. So schrieb einer von ihnen, als er von seinem Tod erfuhr: »Mit Br. Urban ist ein Heiliger

---

[130] Brief von Helmut Felka, 15.1.66.
[131] Brief von Walter Merten, 22.1.67.

von uns geschieden. Ich war nur ein halbes Jahr mit ihm in der Küche in Stühlingen zusammen. In meinem Leben habe ich noch keine so heiligmäßige Person kennen gelernt wie Br. Urban.«[132] Und ein anderer: »Als ich das Totenbildchen des Br. Urban seinerzeit aus dem Briefumschlag nahm und ›Bruder Urban‹ las, war mein erster spontaner Gedanke: Jetzt hat die Provinz ja einen heiligen Br. Urban!.. Als ich damals am 7. oder 8. März 1955 mittags an der Pforte des Stühlinger Klosters anklopfte, öffnete Br. Urban mir die Türe und führte mich in die Küche, wo ich mich dann stärkte. Br. Urban empfing mich mit einer solchen Liebenswürdigkeit, die wohl nicht mehr ›menschlich‹, sondern tatsächlich ein Leuchten aus der Ewigkeit war. Ich dachte sofort, Br. Urban ist ein heiliger Kapuzinerbruder! In den dann folgenden 10 Monaten unseres Zusammenseins lernte ich den guten Br. Urban ja gut kennen, zumal ich die ersten Wochen bei ihm in der Küche arbeitete... Für mich ist Br. Urban der lebendigste Gottesbeweis, den ich je auf dieser armseligen Erde erfahren durfte. Wir wollen Gott danken, dass wir uns in der Nähe seines treuen Dieners aufhalten durften und daß Br. Urban nun ein mächtiger Fürsprecher beim gewaltigen großen Gott ist.«[133] Und ein langjähriger Weggenosse im Kloster weiß zu berichten: »Er war außergewöhnlich gut, außergewöhnlich fromm, außergewöhnlich in den Tugenden... Ich muss sagen, für mich war er einfach ein Heiliger.«[134]

---

[132] Brief von Paul Eckert, 28.2.65.
[133] Brief von Ernst Ortmann, 2.11.65.
[134] Br. Kasimir im Interview mit P. Amatus.

So war Br. Urban bei allen beliebt. Selbst jene, die wussten, dass er gegen ihre Aufnahme in den Orden gestimmt hatte, blieben mit ihm in Verbindung, berichtet ein langjähriger Mitbruder und begründet dies so: »Er war eben ein außergewöhnlicher Mensch, körperlich und geistig. Wer mit ihm in Berührung kam, war von ihm eingenommen.«[135]

---

[135] Br. Kasimir im Interview mit P. Amatus.

Gebet und Nächstenliebe, Askese, Demut und Gehorsam

Quelle seiner ungewöhnlichen Arbeitskraft wie auch seiner Nächstenliebe und seiner anderen hervorstechenden Tugenden war zweifellos das Gebet, das er in besonderer Weise pflegte. »Vor dem Tabernakel betete er auf den Steinfließen kniend«, berichtet ein Mitbruder. »Morgens und abends war er immer der erste und letzte. Und dies bis zum letzten Tag, bis er zusammengebrochen ist. Er stand schon vor fünf auf (die religiösen Übungen begannen erst Viertel vor sechs), abends wurde es oft bis Mitternacht, bis er sich zur Ruhe begab... Das Gebet war für ihn Erholung, keineswegs eine Arbeit, es war praktisch für ihn ein Ausruhen.«[136]

Wenn er gefragt wurde, wie er das aushalte, Tag und Nacht jede freie Minute im Gebet vor dem Tabernakel zu verbringen, antwortete er, das Gebet sei für ihn eine Erholung.[137] Sein Beichtvater schrieb: »In meinen 30 Priester- und Seelsorgsjahren durfte ich einem so herrlichen, abgründigen Beter begegnen wie noch nie... Unauffällig und zugleich von mannhafter Schönheit vollzog dieser Mann seinen Austausch zu Gott. Sein Beten lief nie auf Schmalspur enger, individualistischer Einstellung. Weltoffen und selbstlos betete er apostolisch-missionarisch für Kirche und Welt.«[138]

---

[136] Mitbr. Alois über Br. Urban.
[137] Br. Kasimir im Interview mit P. Amatus.
[138] Schreiben von P. Rupert, 10.9.65.

Abb. 19
Madonna von Loreto in Stühlingen

Auf die Frage von Mitbrüdern, was er denn fühle, wenn er so lange in der Kirche vor dem Tabernakel knie, antwortete er: »Es ist so schön, dass man es nicht beschreiben kann, man möchte gar nicht mehr weiterleben«, wobei mit »weiterleben« wohl gemeint ist: ins alltägliche, irdische Leben zurückkehren.[139] Die Mitbrüder waren davon überzeugt, dass er zumindest in seinen letzten beiden Lebensjahren mystische Gnaden erfahren durfte.[140] Jedenfalls deutet die besondere Tiefe und Intensität seines Betens darauf hin, dass es aus der mystischen Tiefe eines liebenden Vereinigtseins mit Gott kam. Dabei wirkte er niemals frömmelnd und unnatürlich in seinem Gebet, und er war, wie er einmal in einem Brief schrieb, auch immer bemüht, seine Frömmigkeit nie zur »Schablone« werden zu lassen und bei aller Frömmigkeit »nicht extrem zu werden, sondern natürlich zu bleiben«.[141]

Ein ehemaliger Generaldefinitor (Inhaber gewisser Ämter) und Provinzial schreibt über ihn: »Dass Bruder Urban ein Heiliger ist, davon bin ich fest überzeugt. Wenn Bruder Urban nicht als ein Heiliger zu bezeichnen ist, dann weiß ich nicht, wie ein Heiliger aussehen soll. In meinem weiten Bekanntenkreis lernte ich niemand kennen, der Arbeit und Gebet so miteinander zu verbinden wusste wie er, und dies sowohl in quantitativer wie auch in qualitativer Hinsicht.«[142]

---

[139] Groß, S. 16.
[140] So z. B. Br. Kasimir im Interview mit P. Amatus.
[141] Groß, S. 17.
[142] P. Dr. theol. Paulus Berghaus, zit. nach einem Brief von P. Dr. Eberhard Moßmaier v. 15. Juni 1967. Vgl. Bruder Urban Lang. Ein Diener aller, S. 21.

Abb. 20
Br. Urban mit verschränkten Armen

Nicht nur die Liebe zu Gott und der Gottesmutter Maria, die sich in dem entrückten Beten äußerte und ihm als Kraftquelle diente, war kennzeichnend für Br. Urban, sondern auch die Nächstenliebe, die sich nicht nur gegenüber seinen Mitbrüdern, sondern gegenüber jedermann äußerte. Seine Nächstenliebe kannte keine Grenzen, um die anderen war er geradezu mütterlich besorgt. »Er hat alles getan für andere. Er selbst hatte wenig gegessen. Aber immer anderen angeboten und fast aufgedrängt.«[143] Dies wird auch von einem ehemaligen Guardian von ihm bestätigt: »Auffallend und ungewöhnlich war es, dass Br. Urban gegen sich sehr strenge war in jeder Art von Enthaltsamkeit, aber ebenso großzügig und weitherzig gegen andere. Er fühlte sich nicht berufen, anderen sein Maß aufzudrängen, stellte als Koch vielmehr jedem reichlich vor und so zubereitet, wie er annahm, dass es dem Mitbruder gefiel.«[144]

Auch über seinen Gehorsam äußert sich dieser ehemalige Obere von Bruder Urban: »Ich habe keinen Kapuziner gekannt, der so freudig und bereitwillig gehorcht hat. Dabei hat Br. Urban seine Bedenken gegen eine Anordnung oder einen Vorschlag meinerseits selbstverständlich vorgebracht. Ihm selbst war nie etwas zu viel.«[145]

---

[143] Br. Kasimir im Interview mit P. Amatus.
[144] Brief von P. Daniel Morro, 24.2.66.
[145] Brief von P. Daniel Morro, 24.2.66.

Ein tiefenpsychologisches Schriftgutachten über Br. Urban kam zu dem Ergebnis, dass es sich um einen trotz stark geschwächter Physis lebensfrohen, stets gütigen, hilfsbereiten und fröhlichen Menschen handle, der von seiner Grundhaltung her »ein sonniges, jungenhaft frohes Gemüt« besaß.[146]

---

[146] Wissenschaftlich tiefenpsychologische Schriftanalyse von Dr. Alfred Sztuka, 22.12.79.

Leid und Tod

Bruder Urban hatte schwere gesundheitliche Probleme, die er jedoch heroisch, ohne zu klagen, trug. Aber Anfang des Jahres 1965 konnte er die Schmerzen nicht länger verbergen, und Guardian P. Amatus schickte ihn zu einer ärztlichen Untersuchung. Bei der Röntgenaufnahme der Gallen-Leberpartie war aufgrund der starken Entzündung kein deutliches Bild zu gewinnen, doch statt diese Untersuchung etwas später, bei normaler Disposition, zu wiederholen, wurden dann von einem anderen Arzt die übrigen Bauchpartien untersucht, wo nichts Krankhaftes zu finden war. Nach seiner Rückkehr von der zweiten Untersuchung sagte Br. Urban: »Beide Ärzte finden nichts, lassen wir es.« Als dann im Februar ein schwerer Gallenanfall einsetzte und Br. Urban ins Krankenhaus eingeliefert wurde, war es bereits zu spät. Die Gallenentzündung war schon zu weit fortgeschritten.[147]

In seinen letzten Tagen im Kloster hatte er trotz aller Schmerzen und Beschwerden zusammen mit einem anderen Bruder noch die große Küche des Klosters gestrichen. Erst als der letzte Pinselstrich gemacht war, ging er zum P. Guardian und sagte: »Ich kann nicht mehr. Ich muss ins Bett.« Der herbeigerufene Arzt überwies ihn ins Krankenhaus, er war

---

[147] P. Amatus, Interview-Aussage.

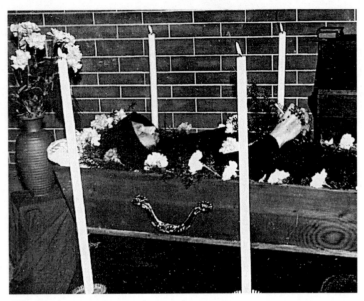

Abb. 21
Beisetzung von Br. Urban

schon so schwach, dass er sich kaum noch auf den Füßen halten konnte. Ein Mitbruder, der die letzten Stunden mit ihm verbrachte, hat uns eine Schilderung von Leiden und Tod des Br. Urban hinterlassen. Als er am Tag nach seiner Einlieferung ins Krankenhaus, einem Sonntag, ihn dort besuchte, stellte er fest, dass Urban unter kaum erträglichen Schmerzen litt: »Br. Urbans Krankenlager war ein Schmerzenslager. Sein Gesicht war gezeichnet vom Schmerz und er wand sich wie ein Wurm. Doch wie sein Atem ging, kam das Wort ›O Jesus, O Jesus‹. Die Krankensalbung wurde vollzogen, und die Mitbrüder hielten abwechselnd Wache an seinem Krankenbett. In der Nacht vom Sonntag auf Montag verbesserte sich sein Zustand jedoch so weit, dass er in ein anderes Krankenhaus nach Singen überführt werden konnte. Von dort kam mittwochs die Nachricht, dass es schlecht um ihn stehe, wieder hielten die Brüder abwechselnd Wache an seinem Krankenbett.

Als der am Krankenbett wachende Bruder am nächsten Samstag, abends gegen 18.30, fragte, ob er ihn mal kurz verlassen könne, um in die Kapelle zu gehen, war die Antwort: »Ja, gehe nur und bete für mich, dass ich gut sterben kann.« Zwei Stunden später begann der Todeskampf unter schrecklichen Schmerzen und gegen 22.00 Uhr des 20. Februar 1965 tat Br. Urban seinen letzten Atemzug.

Dies ist aber nur die eine, die äußere Geschichte vom Leiden und Tod des Bruder Urban.

Wir wissen auch von der darunter verborgenen Schicht, die der Leidens- und Todesgeschichte Urbans einen tieferen Sinn gibt.

Abb. 22 und 23
Beisetzung von Br. Urban

Das Anliegen des Zweiten Vatikanischen Konzils (Oktober 1962 bis Dezember 1965), die Erneuerung des Lebens und die Erneuerung der Kirche, hatte Br. Urban mehr und mehr erfüllt. In diesem Sinne wollte er auch alles tun für die Erneuerung seines geliebten Kapuzinerordens, bis hin zum Äußersten, er war bereit, sein Leben dafür zu opfern. Im Juli 1964 schrieb er nieder: »Ich habe dem Herrgott mein Leben angeboten für die geistige Erneuerung der Provinz und des Ordens, auf dass der Herrgott wieder mehr geliebt werde«.[148]

Ende des Jahres 1964 fragte Br. Urban bei seinem Seelenführer P. Rubert brieflich an: Es dränge ihn immer wieder dazu, sein Leben dem lieben Gott zur Verfügung zu stellen für die geistige Erneuerung des Ordens, ob er das dürfe. Die Antwort war ein modifiziertes Ja: Nur wenn es aus tiefen Abgründen der Demut geschehe, da ja Gott auf ein solches Opfer nicht angewiesen sei.[149]

Wenn Br. Urban sich ganz für die Erneuerung des Ordensgeistes und Ordenslebens im Sinne des hl. Franziskus einsetzte und, nachdem er in seinem Leben alles dafür Mögliche getan hatte, nun sich selbst als Opfer dafür anbot, ist dies nur als heroische Tat im Lichte des Wortes Jesu zu betrachten: »Eine größere Liebe hat niemand, als wer sein Leben hingibt für seine Freunde.«

---

[148] Bruder Urban Lang. Ein Diener aller, S. 26.
[149] Brief von P. Rupert, 2.03.66.

Abb. 24
Begräbnisstätte der Kapuziner in der Wallfahrtskirche Maria-Loreto zu Stühlingen

Das Opferangebot Urbans als »Anmaßung« betrachten kann nur, wer diesen heiligmäßigen Menschen, dessen ganzes Leben gerade von Demut und Gottergebenheit geprägt war, nicht gekannt hat. Wie er sein ganzes Leben in den Dienst der Liebe zu Gott und den Mitmenschen gestellt hat, hat er es auch im Geiste dieser Liebe bewusst geopfert und damit auch seinem Leiden und Tod einen tieferen Sinn gegeben.

Epilog: Mutter Lang

Br. Urbans Mutter Maria Lang, geborene Mai, geboren am 3. Mai 1890, steht aufgrund ihres außerordentlich schweren Schicksals, aber auch der tiefreligiösen Geisteshaltung, mit der sie dieses ertrug, beispielhaft für viele katholische Russlanddeutsche.

Mit neunzehn Jahren heiratete sie 1910 den gleichaltrigen Johannes Lang, der schon bald als Soldat eingezogen wurde und bis 1918 nur sporadisch nach Hause kommen konnte. Er kam als kranker Mann 1918 zurück. Die Familie in der schweren Zeit der Bürgerkriegswirren und Hungersnöten durchzubringen, war somit zum größten Teil Aufgabe der Mutter. 1923 musste sie erleben, dass ihre beiden jüngsten Kinder, ein vierjähriges und ein neugeborenes Mädchen, verhungerten, 1930 starb ihr Mann.

Um die Familie irgendwie durchzubringen, verließ sie 1932 ihre Heimat an der Wolga mit den überlebenden drei Kindern und ging in das weit entfernte Tiflis. Dort verstarb ihr ältestes Kind, die Tochter Emilie, im Kindbett.[150] Das zweitälteste Kind, von Geburt an taubstumm, verlor sie auf tragische Weise bei einem Eisenbahnunglück: »Stückweis habe ich auf die Bahre zusammengelesen, alle Stücker zusammengenpaßt und mit Ach und Weh ihn beerdigt.«[151]

---

[150] Maria Lang, Brief vom 4.6.67.
[151] Maria Lang, Brief vom 22.6.67.

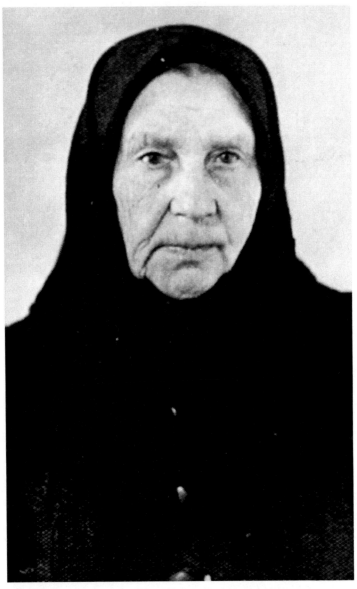

Abb. 25
Maria Lang, Br. Urbans Mutter

Von Alois, dem einzig verbliebenen Kind, hörte sie nichts von 1941 bis zu seinem Tod.

Erst nach dem Tode Bruder Urbans gelang es P. Eberhard Moßmaier, Br. Urbans Mutter ausfindig zu machen und ihr eine Nachricht von ihrem Sohn zu überbringen, die erste seit 1941. Unbeschreiblich war die Freude und Trauer zugleich von Mutter Lang, die im Oktober 1941 von Tiflis nach Kasachstan deportiert worden war und nun in Sibirien lebte, über diese Nachricht. Eine Bekannte schilderte in einem Brief den Gemütszustand von Maria Lang nach Erhalt dieser Nachricht: »Als blühender Jüngling ist er von ihr geschieden, und als gealterter Mensch oder Greis sieht sie ihn tot im Sarg liegen. Von der anderen Seite betrachtet: Was für ein Glück, so sein Leben zu Ende geführt, wie er, das ist eine unbeschreibliche Freude für die zurückgebliebene greise Mutter und eine große Gnade für uns. Alle wollen teilnehmen an diesem ihrem Glück.«[152]

Und sie selbst schrieb: »Gerne, ja sehr gerne hätte ich meinen Sohn noch bei Leben sehen wollen und hören seine Stimme; ja zum wenigsten ein oder zwei Briefe von ihm selbst hätte ich gerne, sehr gerne gehofft, aber es war eben der Wille Gottes. Jetzt will ich allen Heiligen im Himmel danken und anbeten für ihre sehr große Aufmerksamkeit auf meinen Sohn..., unendlich großen Dank dem barmherzigen süßen Herz Jesu... Gott hat die Wege allein meinem Sohn gege-

---

[152] Brief aus Tscheljabinsk, 3.8.67.

ben..., denn bei mir wäre es unmöglich gewesen, ins Kloster zu kommen. Beten, beten und nochmals beten ist meine und aller Christen Pflicht... Bin ganz allein geblieben, habe alle Kinder verloren, wieviel Tränen sind vergossen, und jetzt weine ich immerwährend wieder, aber es sind Freudentränen. Wie wunderbar Jesus alles gemacht hat.«[153]

In einem anderen Brief von ihr heißt es: »Wie gern, o wie gern, möchte ich auch vor meinem Tod das Grab meines Sohnes besuchen, aber es wird wahrscheinlich vergeblich sein. O, du, mein Kind Aloisius, wieviel Tränen und Schmerzen habe ich schon vergossen, und wieviel habe ich noch zu vergießen. O, lieber Jesu, alle Kinder hingegeben. Den taubstummen Sohn durfte ich den ersten Tag gar nicht bekommen. Er lag stückweise auf der Erde neben der Eisenbahn in Frost und Kälte. Den zweiten Tag habe ich die erfrorenen kalten Stücke Fleisch meines Sohnes zusammengelesen und zusammengepaßt. Wie groß war damals mein Schmerz, wie habe ich dieses alles durchgemacht. Meine Tochter ist auch im Kindbette gestorben, das kleine Kindlein war geblieben. Wie schwer starb die Tochter als sie merkte, dass die kleinen Kinder bleiben. Und allzuletzt mein einziger Trost, den ich hatte, war Alois, aber auch dieser konnte mir seine Hand nicht reichen, war ich krank oder gesund, er wußte es nicht, wie viel rauhe Stöße und Wörter habe ich erfahren ... O, hl. Antoni, ich bin Dir und allen Heiligen im Himmel sehr dankbar für meinen Sohn, o lieber Jesu, danke auch Dir für das,

---

[153] Maria Lang, Brief vom 4.6.67.

was Du mir mein Kreuz hast immer geholfen zu tragen... Nur eine Bitte möchte ich gewähren von euch allen Heiligen im Himmel. Wie gern möchte ich die Ruhestatt meines Sohnes beschauen...«[154]

Aber auch dieser Wunsch blieb unerfüllt: Maria Lang starb am 4. Oktober 1977, dem Fest des hl. Franz von Assisi, im Alter von 87 Jahren in Tscheljabinsk, ohne die Grabstätte ihres Sohnes Alois gesehen zu haben.[155]

---

[154] Maria Lang, Brief vom 26.11.68.
[155] Heimat im Glauben, Januar 1978.

Fotonachweis

Abb. 2:
aus: Joseph Aloysius Keßler, Geschichte der Diözese Tyraspol, Dickinson, N. D. 1930, S. 49

Abb. 3:
aus: Keßler, Geschichte der Diözese Tyraspol, Vorsatzblatt

Abb. 4:
Foto aus: Joseph Schnurr, Die Kirchen und das religiöse Leben der Rußlanddeutschen. Katholischer Teil. Aus Vergangenheit und Gegenwart des Katholizismus in Rußland. 2. überarbeitete und erweiterte Aufl., Stuttgart 1980, S. 263

Abb. 5:
aus: Schnurr, S. 301

Abb. 10:
Faksimile aus: Wolgazeitung, September 1995

Die Rechte aller anderen Fotos liegen beim Herausgeber.

Irina Ossipowa

Wenn die Welt euch hasst...
Die Verfolgung der katholischen Kirche in der UdSSR

Seelsorge für katholische
Deusche aus Russland

ISBN 3-89857-140-8